<든든중국어> 출판사 징청: 010-9853-6588

<든든중국어 시리즈 교재>

첫 제목	첫 제목
든든중국어 양음표 활동 1 (HSK 1급)	든든중국어 YCT 1-4급 실전 모의고사 (세트)
든든중국어 양음표 활동 2 (HSK 2급)	든든중국어 YCT 필청 (중급) 실전 모의고사
든든중국어 중국 듣기 1 (HSK 3급)	든든중국어 YCT 필청 (중급) 실전 모의고사
든든중국어 고급 필청 600 (HSK 3급)	든든중국어 HSK 1-6급 실전 정리 모의고사 (세트)
든든중국어 중급 필청 600 (HSK 4-5급)	든든중국어 HSK 중급 실전 정리 모의고사
든든중국어 고급 필청 800 (HSK 5-6급)	든든중국어 HSK 중급 실전 정리 모의고사
든든중국어 신 HSK 초·중급 필수 단어	든든중국어 HSK 고급 실전 정리 모의고사
든든중국어 신 HSK 고급 필수 단어	든든중국어 신 HSK 고급 대비 기출문제 (세트)
든든중국어 신 HSK 초급 문법	든든중국어 신 HSK 대비 유형 문제집 (세트)
든든중국어 신 HSK 중급 문법	든든중국어 신 HSK 상용 필청 시리즈 (세트)
든든중국어 신 HSK 고급 문법	든든중국어 신 HSK 단어 중급 중점기 (세트)
든든중국어 활자쓰기 조·중급	든든중국어 중국 이야기 중요 100 (세트)
든든중국어 활자쓰기 중급/고급 (세트)	든든중국어 중국 아이들 시 100
든든중국어 읽기 1-4 (중국 문화 이야기)	든든중국어 중국 시 100
든든중국어 읽기 1-2 (중국 문화 이야기)	든든중국어 중국 명언 명인 100 (세트)
든든중국어 SAT2 대비 유형집 (세트)	든든중국어 MCT (실용 중국어 시험) 단어
든든중국어 고급 필청 1 (TSC, HSKK 고급)	든든중국어 중국 아이들이 좋아하는 동화 이야기 (세트)
든든중국어 고급 필청 5000 (HSK 1-6급)	든든중국어 중국 인기 그림 100 (세트)

드림공작아 대국 수입

드림공작아 인천 정각점
주소: 인천 정각국제도시
상담 전화: 032-567-6880

드림공작아 강남 매치점
주소: 서울시 강남구 매치동
상담 전화: 010-5682-6880

드림중국어 HSK 2급 실전 모의고사

梦想中国语 HSK 2级 实战模拟考试

드림중국어 HSK 2급 실전 모의고사

梦想中国语 HSK 2级 实战模拟考试

종이책 최신판 발행   2023 년 07 월 01 일
전자책 최신판 발행   2023 년 07 월 01 일

편저:	류환
발행처:	드림중국어
주소:	인천 서구 청라루비로 93, 7 층
전화:	032-567-6880
이멜:	5676888@naver.com
등록번호:	654-93-00416
등록일자:	2016 년 12 월 25 일
종이책 ISBN:	979-11-93243-13-8 (13720)
전자책 ISBN:	979-11-93243-14-5 (15720)
값:	38,800 원

이 책은 저작권법에 따라 보호 받는 저작물이므로 무단 복제나 사용은 금지합니다. 이 책의 내용을 이용하거나 인용하려면 반드시 저작권자 드림중국어의 서면 동의를 받아야 합니다. 잘못된 책은 교환해 드립니다.

<MP3 파일 & 시험 답안 무료 다운!>

이 책에 관련된 모든 MP3 와 시험 답안은 드림중국어 카페(http://cafe.naver.com/dream2088)

를 회원 가입 후에 <교재 MP3 무료 다운> 에서 무료로 다운 받으실 수 있습니다.

MP3 파일 다운로드 주소: https://cafe.naver.com/dream2088/3820

시험 답안 다운로드 주소: https://cafe.naver.com/dream2088/3819

〈목 록〉

〈HSK 2급 실전 모의 고사 1〉 1

〈HSK 2급 실전 모의 고사 2〉 13

〈HSK 2급 실전 모의 고사 3〉 27

〈HSK 2급 실전 모의 고사 4〉 41

〈HSK 2급 실전 모의 고사 5〉 55

〈HSK 2급 실전 모의 고사 6〉 69

〈HSK 2급 실전 모의 고사 7〉 83

〈HSK 2급 실전 모의 고사 8〉 97

〈HSK 2급 실전 모의 고사 9〉 111

〈HSK 2급 실전 모의 고사 10〉 125

음성 파일 다운로드 **139**

시험 답안 및 한국어 해석 다운로드 **139**

드림중국어 시리즈 교재 141

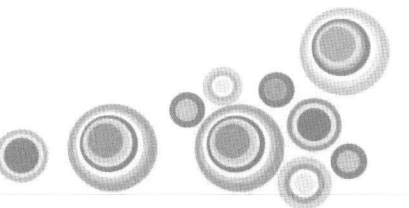

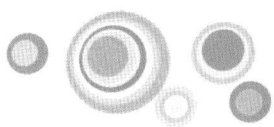

新汉语水平考试

HSK（二级）1

注　　意

一、HSK（二级）分两部分：

1. 听力（35 题，约 25 分钟）

2. 阅读（25 题，22 分钟）

二、听力结束后，有 3 分钟填写答题卡。

三、全部考试约 55 分钟（含考生填写个人信息时间 5 分钟）。

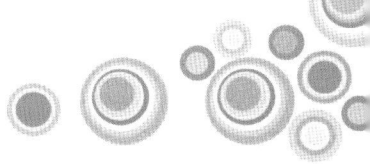

一、听力

第一部分

第 1-10 题

例如：		√
	(自行车)	×
1.	(T-shirt)	
2.	(握手)	
3.	(THANK YOU!)	
4.	(饮料瓶)	

5.			
6.			
7.			
8.			
9.			
10.			

第二部分

第 11-15 题

A

B

C

D

E

F

例如： 男：你喜欢什么运动？Nǐ xǐ huān shén me yùn dòng?
女：我最喜欢踢足球。Wǒ zuì xǐ huān tī zú qiú.   D

11.

12.

13.

14.

15.

第 16-20 题

A

B

C

D

E

16. ☐

17. ☐

18. ☐

19. ☐

20. ☐

第三部分

第 21-30 题

例如：男：小王，这里有几个杯子，哪个是你的？Xiǎo wáng, zhè lǐ yǒu jǐ gè bēi zi, nǎ ge shì nǐ de?

女：左边那个红色的是我的。Zuǒ biān nà ge hóng sè de shì wǒ de.

问：小王的杯子是什么颜色的？Xiǎo wáng de bēi zi shì shén me yán sè de?

    A 红色 hóng sè √　　　　B 黑色 hēi sè　　　　C 白色 bái sè

1. A 凉快 liáng kuài　　　　B 很冷 hěn lěng　　　　C 暖和 nuǎn huo

2. A 在 zài　　　　B 不在 bú zài　　　　C 不知道 bù zhī dào

3. A 早上六点 zǎo shàng liù diǎn　　　　B 晚上六点 wǎn shàng liù diǎn　　　　C 早上七点 zǎo shàng qī diǎn

4. A 中国 zhōng guó　　　　B 美国 měi guó　　　　C 韩国 hán guó

5. A 做事了 zuò shì le　　　　B 送伞了 sòng sǎn le　　　　C 打电话了 dǎ diàn huà le

6. A 吃饭 chī fàn　　　　B 睡觉 shuì jiào　　　　C 骑自行车 qí zì xíng chē

7. A 晚上运动 wǎn shàng yùn dòng　　　　B 早上运动 zǎo shàng yùn dòng　　　　C 没时间运动 méi shí jiān yùn dòng

8. A 春天 chūn tiān　　　　B 夏天 xià tiān　　　　C 秋天 qiū tiān

9. A 中午 zhōng wǔ　　　　B 下午 xià wǔ　　　　C 晚上 wǎn shàng

10. A 一块钱 yí kuài qián　　　　B 两块钱 liǎng kuài qián　　　　C 三块钱 sān kuài qián

第四部分

第 31-35 题

例如：下午我去商店，我想买一些水果。Xià wǔ wǒ qù shāng diàn, wǒ xiǎng mǎi yì xiē shuǐ guǒ.

问：她下午去哪里？Tā xià wǔ qù nǎ lǐ?

  A 商店 shāng diàn √ B 医院 yī yuàn C 学校 xué xiào

31. A 5分钟 fēn zhōng B 7分钟 fēn zhōng C 10分钟 fēn zhōng

32. A 太小 tài xiǎo B 太大 tài dà C 太高 tài gāo

33. A 跑步 pǎo bù B 打篮球 dǎ lán qiú C 游泳 yóu yǒng

34. A 20号 hào B 21号 hào C 22号 hào

35. A 刘老师 liú lǎo shī B 男的 nán de C 女的 nǚ de

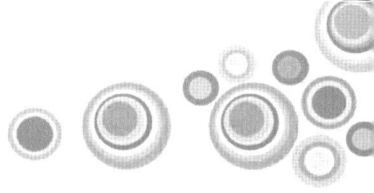

二、阅读

第一部分

第 36-40 题

A 　　B

C 　　D

E 　　F

例如：Měi gè xīng qī liù, wǒ dōu qù dǎ lán qiú.
每个星期六，我都去打篮球。　　**E**

36. nǐ kàn, tā men zài tiào wǔ ne!
你看，他们在跳舞呢！　　☐

37. zhè shì wǒ de fáng jiān, hěn piào liang.
这是我的房间，很漂亮。　　☐

38. jīn tiān xīng qī yī, wǒ yào qù shàng xué.
今天星期一，我要去上学。　　☐

39. wéi, qǐng wèn shì liú lǎo shī ma?
喂，请问是刘老师吗？　　☐

40. zhè kuài shǒu biǎo shì sòng gěi nǐ de.
这块手表是送给你的。　　☐

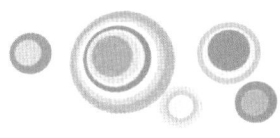

第二部分

第 41-45 题

	rèn shi		qián mian		hàn yǔ		tiào wǔ		guì		kè
A	认识	B	前面	C	汉语	D	跳舞	E	贵	F	刻

例如：Zhèr de yáng ròu hěn hǎo chī, dàn shì yě hěn ___.

这儿的 羊肉 很 好吃，但是 也 很（ E ）。

41. xiàn zài chà yí ___ liǎng diǎn.

现在差一（　）两点。

42. wǒ péng you ___ nà ge yī shēng, tā men shì tóng xué.

我朋友（　）那个医生，他们是同学。

43. nǐ huì shuō ___ ma?

你会说（　）吗？

44. 男：nǐ zhī dào xué xiào zài nǎr ma?

男：你知道学校在哪儿吗？

女：dāng rán, zài yī yuàn ___.

女：当然，在医院（　）。

45. 女：nǐ ___ zhēn hǎo kàn.

女：你（　）真好看。

男：xiè xie, wǒ yǐ jīng xué le shí nián le.

男：谢谢，我已经学了十年了。

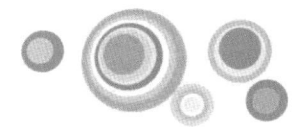

第三部分

第 46-50 题

例如：
Xiàn zài shì 11 diǎn 30 fēn, tā men yǐ jīng yóu le 20 fēn zhōng le.
现在是11点30分，他们已经游了20分钟了。

Tā men 11 diǎn 10 fēn kāi shǐ yóu yǒng.
★ 他们11点10分开始游泳。　　　　　　　　　　　　　(√)

46. wǒ lái jiè shào yí xià, zhè shì wǒ de tóng xué, zhāng shān.
我来介绍一下，这是我的同学，张山。
wǒ zài jiè shào wǒ zì jǐ.
★ 我在介绍我自己。　　　　　　　　　　　　　　　(　)

47. wǒ xiǎng qù zhōng guó lǚ yóu, dàn shì wǒ méi qián.
我想去中国旅游，但是我没钱。
wǒ qù zhōng guó lǚ yóu le.
★ 我去中国旅游了。　　　　　　　　　　　　　　　(　)

48. zhè shì wǒ mèi mei qù nián shēng rì de shí hòu de zhào piàn.
这是我妹妹去年生日的时候的照片。
zhè shì wǒ mèi mei de zhào piàn.
★ 这是我妹妹的照片。　　　　　　　　　　　　　　(　)

49. nǚ ér kǎo shì kǎo le dì yī, suǒ yǐ wǒ xiǎng sòng tā yí gè shǒu jī.
女儿考试考了第一，所以我想送她一个手机。
nǚ ér zhè cì kǎo shì kǎo de hǎo.
★ 女儿这次考试考得好。　　　　　　　　　　　　　(　)

50. wǒ xī wàng míng tiān néng xià xuě, wǒ bù xǐ huān xià yǔ tiān.
我希望明天能下雪，我不喜欢下雨天。
míng tiān huì xià xuě.
★ 明天会下雪。　　　　　　　　　　　　　　　　　(　)

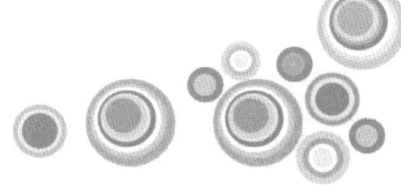

 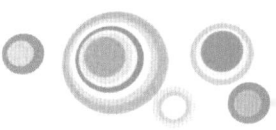

第四部分

第 51-55 题

A. zhè shì shuí de niú nǎi?
这是谁的牛奶？

B. tīng shuō tā men gōng sī fàng èr shí tiān jià.
听说他们公司放20天假。

C. nǐ míng tiān yào zuò shén me?
你明天要做什么？

D. shì a, yǒu shí jiān jiù yào duō lǚ yóu, duō kàn kan!
是啊，有时间就要多旅游，多看看！

E. tā zài nǎr ne? nǐ kàn jiàn tā le ma?
他在哪儿呢？你看见他了吗？

F. nǐ xiān zuò gōng gòng qì chē dào xué xiào, páng biān jiù shì wǒ jiā.
你先坐公共汽车到学校，旁边就是我家。

例如： Tā hái zài jiào shì lǐ xué xí.
他还在教室里学习。   **E**

51. wǒ xiǎng qù nǐ jiā wánr, zěn me qù?
我想去你家玩儿，怎么去？ ☐

52. nǐ kàn, nà lǐ duō piào liang a!
你看，那里多漂亮啊！ ☐

53. tā zěn me méi qù shàng bān?
他怎么没去上班？ ☐

54. kě néng shì xiǎo wáng de, tā zǎo shàng zài zhè lǐ chī fàn ne!
可能是小王的，他早上在这里吃饭呢！ ☐

55. wǒ xiǎng hé péng you yì qǐ chī fàn, zài yì qǐ kàn kan diàn yǐng.
我想和朋友一起吃饭，再一起看看电影。 ☐

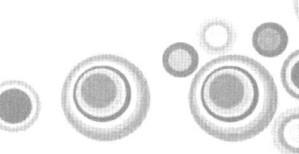

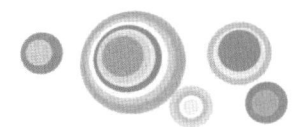

第五部分

第 56-60 题

A. míng tiān wǒ yào gōng zuò, hòu tiān zěn me yàng?
明天我要工作，后天怎么样？

B. xiàn zài zhèng zài dǎ zhé, wǔ kuài qián yì jīn.
现在正在打折，五块钱一斤。

C. zhè jiù shì gěi nǐ mǎi de!
这就是给你买的！

D. zěn me? nǐ men rèn shi ma?
怎么？你们认识吗？

E. shēng bìng le jiù yào chī yào, kuài chī le ba!
生病了就要吃药，快吃了吧！

56. xiè xie! wǒ zhèng zhǔn bèi qù yī yuàn ne!
谢谢！我正准备去医院呢！ ☐

57. wǒ xiǎng qù tī zú qiú, wǒ men míng tiān yì qǐ qù ba!
我想去踢足球，我们明天一起去吧！ ☐

58. tiān na! tā shì wǒ dì di de tóng xué!
天哪！他是我弟弟的同学！ ☐

59. píng guǒ zěn me mài?
苹果怎么卖？ ☐

60. zhè shì shén me? wǒ kě yǐ chī ma? wǒ tài è le.
这是什么？我可以吃吗？我太饿了。 ☐

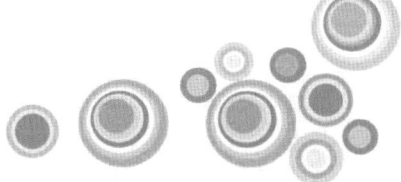

新汉语水平考试

HSK （二级）2

注　意

一、HSK （二级）分两部分：

　　1. 听力（35 题，约 25 分钟）

　　2. 阅读（25 题，22 分钟）

二、听力结束后，有 3 分钟填写答题卡。

三、全部考试约 55 分钟（含考生填写个人信息时间 5 分钟）。

一、听力

第一部分

第 1-10 题

例如：		√
		×
1.		
2.		
3.		
4.		

5.		
6.		
7.		
8.		
9.		
10.		

第二部分

第 11-15 题

A

B

C

D

E

F

例如：男：你喜欢什么运动？Nǐ xǐ huān shén me yùn dòng?

女：我最喜欢踢足球。Wǒ zuì xǐ huān tī zú qiú.   D

11.

12.

13.

14.

15.

第 16-20 题

A

B

C

D

E

16. ☐

17. ☐

18. ☐

19. ☐

20. ☐

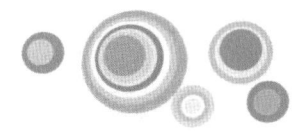

第三部分

第 21-30 题

例如：男：小王，这里有几个杯子，哪个是你的？

Xiǎo wáng, zhè lǐ yǒu jǐ gè bēi zi, nǎ ge shì nǐ de?

女：左边那个红色的是我的。Zuǒ biān nà ge hóng sè de shì wǒ de.

问：小王的杯子是什么颜色的？Xiǎo wáng de bēi zi shì shén me yán sè de?

  A 红色 hóng sè ✓   B 黑色 hēi sè   C 白色 bái sè

21. A 很开心 hěn kāi xīn   B 很累 hěn lèi   C 想睡觉 xiǎng shuì jiào

22. A 面包 miàn bāo   B 牛奶 niú nǎi   C 没有吃 méi yǒu chī

23. A 星期五 xīng qī wǔ   B 星期六 xīng qī liù   C 星期天 xīng qī tiān

24. A 中国 zhōng guó   B 美国 měi guó   C 韩国 hán guó

25. A 短的 duǎn de   B 长的 cháng de   C 白色的 bái sè de

26. A 不好看 bù hǎo kàn   B 没看 méi kàn   C 很好看 hěn hǎo kàn

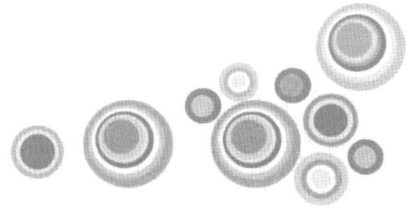

27. A 菜 cài   B 米饭 mǐ fàn   C 水 shuǐ

28. A 8点 diǎn   B 6点 diǎn   C 5点 diǎn

29. A 学校 xué xiào   B 医院 yī yuàn   C 饭店 fàn diàn

30. A 8岁 suì   B 10岁 suì   C 12岁 suì

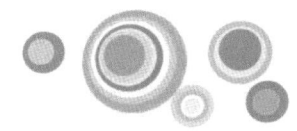

第四部分

第 31-35 题

例如：下午我去商店，我想买一些水果。
　　Xià wǔ wǒ qù shāng diàn, wǒ xiǎng mǎi yì xiē shuǐ guǒ.

问：她下午去哪里？Tā xià wǔ qù nǎ lǐ?

      A　商店 shāng diàn √　　　　B　医院 yī yuàn　　　　C　学校 xué xiào

31.　A　15元 yuán　　　　B　150元 yuán　　　　C　1500元 yuán

32.　A　4月3日 4 yuè 3 rì　　　　B　5月3日 5 yuè 3 rì　　　　C　5月2日 5 yuè 2 rì

33.　A　自行车 zì xíng chē　　　　B　公共汽车 gōng gòng qì chē　　　　C　走 zǒu

34.　A　医院 yī yuàn　　　　B　学校 xué xiào　　　　C　不知道 bù zhī dào

35.　A　太小了 tài xiǎo le　　　　B　太大了 tài dà le　　　　C　不喜欢 bù xǐ huān

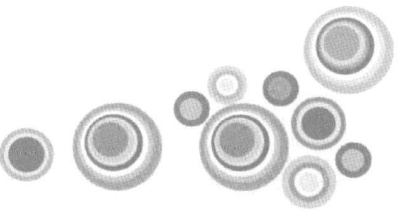

二、阅读

第一部分

第 36-40 题

A 　　　　B

C 　　　　D

E 　　　　F

例如：　Měi gè xīng qī liù, wǒ dōu qù dǎ lán qiú.
　　　　每个星期六，我都去打篮球。　　　　E

36. zhè shì wǒ xīn mǎi de shǒu jī, hěn piào liang ba.
　　这是我新买的手机，很漂亮吧。

37. mā ma, nǐ kàn, māo zhèng zài yǐ zi shàng mian zuò zhe ne.
　　妈妈，你看，猫正在椅子上面坐着呢。

38. liú lǎo shī, zhè ge jiào shì néng zuò duō shǎo rén a?
　　刘老师，这个教室能坐多少人啊？

39. zhè shì nǐ de xīn jiā ma? zhēn dà a!
　　这是你的新家吗？真大啊！

40. qǐng wèn nín de diàn huà hào mǎ shì duō shǎo?
　　请问您的电话号码是多少？

第二部分

第 41-45 题

jiā	lèi	gōng gòng qì chē	zǎo fàn	guì	lán qiú
A 家	B 累	C 公共汽车	D 早饭	E 贵	F 篮球

例如：Zhèr de yáng ròu hěn hǎo chī, dàn shì yě hěn ___.
这儿的 羊肉 很 好吃，但是也很（ E ）。

41. wǒ xiàn zài hěn ___, wǒ xiǎng shuì jiào.
我 现在很（ ），我想 睡觉。

42. nǐ bù chī ___, děng yí xià dù zi huì è de.
你不吃（ ），等一下 肚子 会饿的。

43. wǒ xiàn zài yǒu shì, wǒ bú zài ___.
我 现在有事，我不在（ ）。

44. nǐ měi tiān zěn me qù xué xiào?
男：你 每天 怎么 去学校？
wǒ jiā lí xué xiào hěn yuǎn, yào zuò ___.
女：我 家离学校 很远， 要坐（ ）。

45. nǐ xià kè zhī hòu yào qù nǎ lǐ?
女：你下课 之后 要去哪里？
wǒ yào hé péng you yì qǐ qù dǎ ___.
男：我 要和 朋 友一起去打（ ）。

第三部分

第 46-50 题

Xiàn zài shì 11 diǎn 30 fēn, tā men yǐ jīng yóu le 20 fēn zhōng le.

例如：现在是11点30分，他们已经游了20分钟了。

Tā men 11 diǎn 10 fēn kāi shǐ yóu yǒng.

★ 他们11点10分开始游泳。　　　　　　　　　　　　（ √ ）

Wǒ huì tiào wǔ, dàn tiào de bú tài hǎo.

我会跳舞，但跳得不太好。

Wǒ tiào de fēi cháng hǎo.

★ 我跳得非常好。　　　　　　　　　　　　　　　　（ x ）

46. wǒ zài chū zū chē shàng de shí hòu, péng you men jiù dǎ diàn huà gěi wǒ, shuō tā men yǐ jīng zài fàn diàn děng wǒ le.

我在出租车上的时候，朋友们就打电话给我，说他们已经在饭店等我了。

péng you men zài fàn diàn děng wǒ.

★ 朋友们在饭店等我。　　　　　　　　　　　　　　（　　）

47. wǒ qù nián 5 yuè fèn lái guò yí cì běi jīng, jīn nián 5 yuè fèn yòu lái le, wǒ hěn kāi xīn.

我去年5月份来过一次北京，今年5月份又来了，我很开心。

zhè shì wǒ dì yī cì lái běi jīng.

★ 这是我第一次来北京。　　　　　　　　　　　　　（　　）

48. xiǎo shí hòu, mā ma bú zài jiā, wǒ jiù hé nǎi nai yì qǐ zhù.

　　小时候，妈妈不在家，我就和奶奶一起住。

　　　xiǎo shí hòu wǒ hé mā ma zài yì qǐ.

★ 小时候我和妈妈在一起。　　　　　　　　　　　　　（　　）

49. wǒ měi cì dōu qù nà jiā shāng diàn mǎi shuǐ guǒ, měi cì qù de shí hòu, fú wù yuán dōu huì shuō:"gāo xiǎo jiě, nǐ lái la."

　　我每次都去那家商店买水果，每次去的时候，服务员都会说："高小姐，你来啦。"

　　　shāng diàn lǐ méi yǒu rén rèn shi wǒ.

★ 商店里没有人认识我。　　　　　　　　　　　　　（　　）

50. tiān qì tài rè le, wǒ xiǎng chī diǎn xī guā, dàn shì jiā lǐ méi yǒu xī guā.

　　天气太热了，我想吃点西瓜，但是家里没有西瓜。

　　　wǒ zhèng zài chī xī guā.

★ 我正在吃西瓜。　　　　　　　　　　　　　　　　（　　）

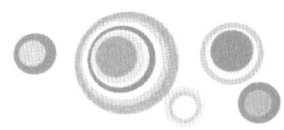

第四部分

第 51-55 题

A. wǒ è le, wǒ men yì qǐ qù chī wǔ fàn ba.
我饿了，我们一起去吃午饭吧。

B. zhèr lí huǒ chē zhàn bù yuǎn, hěn jìn.
这儿离火车站不远，很近。

C. tài rè le, wǒ xiǎng hē kě lè.
太热了，我想喝可乐。

D. zhè ge xī guā zěn me mài?
这个西瓜怎么卖？

E. tā zài nǎr ne? nǐ kàn jiàn tā le ma?
他在哪儿呢？你看见他了吗？

F. nǐ kě néng shì dōng xi chī duō le.
你可能是东西吃多了。

例如： Tā hái zài jiào shì lǐ xué xí.
他还在教室里学习。   **E**

51. nǐ děng yí xià, wǒ qù gěi nǐ mǎi.
你等一下，我去给你买。

52. jiù zài qián mian, zǒu wǔ liù fēn zhōng jiù dào le.
就在前面，走五六分钟就到了。

53. hěn pián yi, 2 kuài qián yì jīn.
很便宜，2块钱一斤。

54. wǒ hái bú è, nǐ qù wèn wen bié rén ba.
我还不饿，你去问问别人吧。

55. wǒ de dù zi bù shū fu, zhè shì zěn me le ya?
我的肚子不舒服，这是怎么了呀？

第五部分

第 56-60 题

A. wǒ shēng bìng le, wǒ bù xiǎng qù xué xiào le.
我生病了，我不想去学校了。

B. wǒ hé wǒ de péng you shàng ge yuè qù zhōng guó lǚ yóu le.
我和我的朋友上个月去中国旅游了。

C. nǐ gāng gāng dǎ diàn huà de shí hòu, wǒ zài xǐ yī fu.
你刚刚打电话的时候，我在洗衣服。

D. zhuō zi shàng nà ge shǒu biǎo bú shì nǐ de ma?
桌子上那个手表不是你的吗?

E. mā ma zuò de yú ròu shí zài tài hǎo chī le.
妈妈做的鱼肉实在太好吃了。

56. gāng cái wèi shén me bù jiē diàn huà?
刚才为什么不接电话? ☐

57. nà lǐ shì bú shì hěn hǎo wán?
那里是不是很好玩? ☐

58. nà nǐ chī yào le ma?
那你吃药了吗? ☐

59. wǒ hái xiǎng chī, dàn shì wǒ yǐ jīng chī le hěn duō le.
我还想吃，但是我已经吃了很多了。 ☐

60. bà ba, nǐ kàn jiàn wǒ de shǒu biǎo le ma?
爸爸，你看见我的手表了吗? ☐

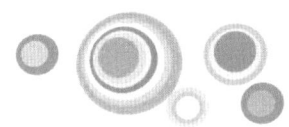

新汉语水平考试

HSK （二级）3

注 意

一、HSK （二级）分两部分：

1. 听力（35 题，约 25 分钟）

2. 阅读（25 题，22 分钟）

二、听力结束后，有 3 分钟填写答题卡。

三、全部考试约 55 分钟（含考生填写个人信息时间 5 分钟）。

一、听力

第一部分

第 1-10 题

例如:	![三人合影]	√
	![自行车]	×
1.	![车内女子]	
2.	![拍照]	
3.	![教室]	
4.	![钢笔]	

5.		
6.		
7.		
8.		
9.		
10.		

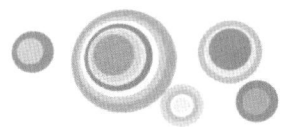

第二部分

第 11-15 题

A		B	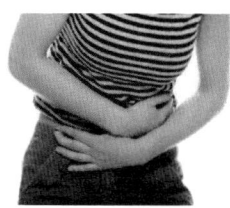
C		D	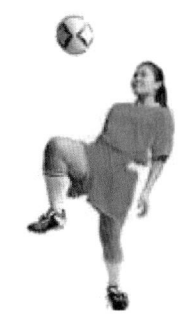
E		F	

例如： 男：你喜欢什么运动？Nǐ xǐ huān shén me yùn dòng?
女：我最喜欢踢足球。Wǒ zuì xǐ huān tī zú qiú.   D

11. ☐

12. ☐

13. ☐

14. ☐

15. ☐

第 16-20 题

A
B
C
D
E

16. ☐

17. ☐

18. ☐

19. ☐

20. ☐

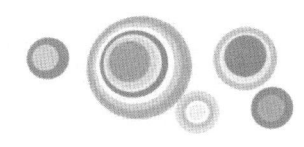

第三部分

第 21-30 题

例如：男：小王，这里有几个杯子，哪个是你的？

Xiǎo wáng, zhè lǐ yǒu jǐ gè bēi zi, nǎ ge shì nǐ de?

女：左边那个红色的是我的。Zuǒ biān nà ge hóng sè de shì wǒ de.

问：小王的杯子是什么颜色的？Xiǎo wáng de bēi zi shì shén me yán sè de?

    A 红色 hóng sè ✓　　　　B 黑色 hēi sè　　　　C 白色 bái sè

21. A 西瓜 xī guā　　B 苹果 píng guǒ　　C 没有 méi yǒu

22. A 走路 zǒu lù　　B 坐出租车 zuò chū zū chē　　C 骑自行车 qí zì xíng chē

23. A 医院 yī yuàn　　B 家 jiā　　C 路上 lù shang

24. A 有点忙 yǒu diǎn máng　　B 不忙 bù máng　　C 不知道 bù zhī dào

25. A 我的 wǒ de　　B 妈妈的 mā ma de　　C 爸爸的 bà ba de

26. A 65公斤 gōng jīn　　B 70公斤 gōng jīn　　C 75公斤 gōng jīn

27. A 很大 hěn dà   B 很小 hěn xiǎo   C 很累 hěn lèi

28. A 吃饭 chī fàn   B 看电视 kàn diàn shì   C 写字 xiě zì

29. A 黑色 hēi sè   B 白色 bái sè   C 红色 hóng sè

30. A 300元 yuán   B 280元 yuán   C 320元 yuán

第四部分

第 31-35 题

例如：下午我去商店，我想买一些水果。
　　　Xià wǔ wǒ qù shāng diàn, wǒ xiǎng mǎi yì xiē shuǐ guǒ.

问：她下午去哪里？Tā xià wǔ qù nǎ lǐ?

　　　A 商店 shāng diàn √　　　B 医院 yī yuàn　　　C 学校 xué xiào

31.　A 10点 diǎn　　　　　　　B 12点 diǎn　　　　　　C 1点 diǎn

32.　A 去上课 qù shàng kè　　　B 去打篮球 qù dǎ lán qiú　　C 去考试 qù kǎo shì

33.　A 今天上午 jīn tiān shàng wǔ　B 今天下午 jīn tiān xià wǔ　C 明天 míng tiān

34.　A 吃西瓜 chī xī guā　　　　B 喝可乐 hē kě lè　　　　C 喝茶 hē chá

35.　A 医院 yī yuàn　　　　　　B 家 jiā　　　　　　　　C 学校 xué xiào

二、阅读

第一部分

第 36-40 题

A 　　　　B

C 　　　　D

E 　　　　F

例如：
Měi gè xīng qī liù, wǒ dōu qù dǎ lán qiú.
每个星期六，我都去打篮球。　　　E

36.
tóng xué men, qǐng hé wǒ yì qǐ dú.
同学们，请和我一起读。

37.
mā ma hái méi yǒu huí jiā, hái zài gōng sī lǐ mian kāi huì.
妈妈还没有回家，还在公司里面开会。

38.
nǎi nai mǎi le wǒ zuì ài chī de niú ròu, hǎo kāi xīn.
奶奶买了我最爱吃的牛肉，好开心。

39.
zuó tiān wǒ hé tóng xué yì qǐ qù diàn yǐng yuàn kàn le diàn yǐng.
昨天我和同学一起去电影院看了电影。

40.
zhè jiàn yī fu tài guì le, wǒ men bù mǎi le.
这件衣服太贵了，我们不买了。

第二部分

第 41-45 题

A 手机　　B 饿　　C 鱼　　D 跑步　　E 贵　　F 考试

例如：这儿的 羊肉 很 好吃，但是也很（ E ）。

41. 我 昨天 去 商 店里买 了很多（　）。

42. 我肚子好（　）呀，我 想 吃饭。

43. （　）是一种 运动。

44. 男：你们 明 天要（　）吗？

    女：不是，是 后天。

45. 女：爸爸，你看 见我的（　）了吗？

    男：桌子 上 没有 吗？

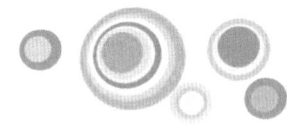

第三部分

第 46-50 题

Xiàn zài shì 11 diǎn 30 fēn, tā men yǐ jīng yóu le 20 fēn zhōng le.

例如：现在是11点30分，他们已经游了20分钟了。

Tā men 11 diǎn 10 fēn kāi shǐ yóu yǒng.

★ 他们11点10分开始游泳。　　　　　　　　　　　　（ √ ）

Wǒ huì tiào wǔ, dàn tiào de bú tài hǎo.

我会跳舞，但跳得不太好。

Wǒ tiào de fēi cháng hǎo.

★ 我跳得非常好。　　　　　　　　　　　　　　　　（ x ）

46. kàn jiàn wài mian zài xià yǔ, mèi mei shuō:" wǒ jīn tiān bù chū qù le, jiù zài jiā lǐ shuì shui jiào, kàn kan shū."

看见外面在下雨，妹妹说："我今天不出去了，就在家里睡睡觉，看看书。"

mèi mei bù xiǎng chū qù.

★ 妹妹不想出去。　　　　　　　　　　　　　　　　（　　）

47. zhè shì wǒ mā gěi wǒ mǎi de xīn yī fu, wǒ mā shuō wǒ chuān zhe hěn piào liang.

这是我妈给我买的新衣服，我妈说我穿着很漂亮。

zhè shì wǒ zì jǐ mǎi de yī fu.

★ 这是我自己买的衣服。　　　　　　　　　　　　　（　　）

48. xiǎo gǒu hé xiǎo māo xiāng bǐ, wǒ gèng xǐ huān xiǎo gǒu, suǒ yǐ wǒ mǎi le yì zhī xiǎo gǒu.

    小狗和小猫相比，我更喜欢小狗，所以我买了一只小狗。

    wǒ hěn xǐ huān xiǎo gǒu.

    ★ 我很喜欢小狗。　　　　　　　　　　　　　　　　　　（　　　）

49. tīng shuō zhōng guó yǒu hěn duō hǎo chī de, wǒ hěn xiǎng qù yí cì zhōng guó, dàn shì méi yǒu qián.

    听说中国有很多好吃的，我很想去一次中国，但是没有钱。

    wǒ xiàn zài zài zhōng guó lǚ yóu.

    ★ 我现在在中国旅游。　　　　　　　　　　　　　　　　（　　　）

50. wǒ měi tiān zǎo shàng 8 diǎn shàng bān, xià wǔ 5 diǎn huí jiā, dàn shì yǒu shí hòu gōng zuò hěn duō, wǒ jiù yào dào wǎn shàng 8 diǎn cái néng huí jiā.

    我每天早上8点上班，下午5点回家，但是有时候工作很多，我就要到晚上8点才能回家。

    wǒ měi tiān wǎn shàng 8 diǎn huí jiā.

    ★ 我每天晚上8点回家。　　　　　　　　　　　　　　　（　　　）

第四部分

第 51-55 题

A. zhè shì mā ma gāng gāng gěi wǒ mǎi de yī fu.
   这是妈妈刚刚给我买的衣服。

B. zhè jiā fàn diàn de fàn hěn hǎo chī, jiù shì yǒu diǎn guì.
   这家饭店的饭很好吃，就是有点贵。

C. nǐ men kàn jiàn lǐ lǎo shī le ma?
   你们看见李老师了吗？

D. nǐ kàn nà biān, yǒu yí gè rén zhèng zài děng nǐ, shì nǐ mā ma ma?
   你看那边，有一个人正在等你，是你妈妈吗？

E. tā zài nǎr ne? nǐ kàn jiàn tā le ma?
   他在哪儿呢？你看见他了吗？

F. wéi, nǐ dào le ma, wǒ yǐ jīng zài fàn diàn le.
   喂，你到了吗，我已经在饭店了。

例如： Tā hái zài jiào shì lǐ xué xí.
       他还在教室里学习。   **E**

51. tā zhèng zài jiào shì shàng kè ne.
    他正在教室上课呢。 ☐

52. zhè shì shuí de yī fu a?
    这是谁的衣服啊？ ☐

53. bú shì, wǒ bú rèn shi tā.
    不是，我不认识她。 ☐

54. zhè jiā fàn diàn zěn me yàng?
    这家饭店怎么样？ ☐

55. wǒ yǐ jīng zài lù shang le, kuài dào le.
    我已经在路上了，快到了。 ☐

第五部分

第 56-60 题

A. nǐ chī le nà ge xī guā, gǎn jué zěn me yàng?
你吃了那个西瓜，感觉怎么样？

B. wǒ de shǒu jī huài le, wǒ yào qù shǒu jī diàn mǎi yí gè shǒu jī.
我的手机坏了，我要去手机店买一个手机。

C. rén tài duō le, wǒ men hái shì qù bié jiā ba.
人太多了，我们还是去别家吧。

D. wǒ měi tiān zǎo shàng qǐ lái dì yī jiàn shì jiù shì hē shuǐ.
我每天早上起来第一件事就是喝水。

E. kuài lè jiù shì zuò zì jǐ xǐ huān de shì qing.
快乐就是做自己喜欢的事情。

56. zǎo shàng hē shuǐ duì shēn tǐ hǎo.
早上喝水对身体好。　□

57. nǐ xià bān zhī hòu yào qù nǎ lǐ?
你下班之后要去哪里？　□

58. bú shì hěn hǎo chī, wǒ bù xǐ huān.
不是很好吃，我不喜欢。　□

59. nǐ jué de kuài lè shì shén me?
你觉得快乐是什么？　□

60. nǐ jué de zhè jiā zěn me yàng?
你觉得这家怎么样？　□

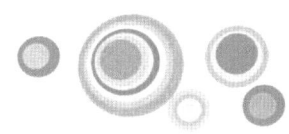

新汉语水平考试

HSK （二级）4

注　　意

一、HSK（二级）分两部分：

1. 听力（35 题，约 25 分钟）

2. 阅读（25 题，22 分钟）

二、听力结束后，有 3 分钟填写答题卡。

三、全部考试约 55 分钟（含考生填写个人信息时间 5 分钟）。

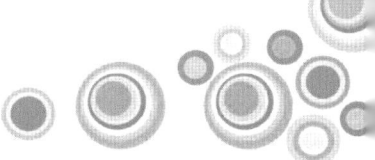

四、

 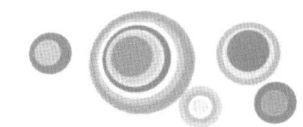

一、听力

第一部分

第 1-10 题

例如：		√
		×
1.		
2.		
3.		
4.		

42

5.			
6.			
7.			
8.			
9.			
10.			

 梦想中国语 模拟考试

第二部分

第 11-15 题

A

B

C

D

E

F

例如：男：你喜欢什么运动？Nǐ xǐ huān shén me yùn dòng?

女：我最喜欢踢足球。Wǒ zuì xǐ huān tī zú qiú.

D

11. ☐

12. ☐

13. ☐

14. ☐

15. ☐

44

第 16-20 题

A

B

C

D

E

16. ☐

17. ☐

18. ☐

19. ☐

20. ☐

第三部分

第 21-30 题

例如：男：小王，这里有几个杯子，哪个是你的？

Xiǎo wáng, zhè lǐ yǒu jǐ gè bēi zi, nǎ ge shì nǐ de?

女：左边那个红色的是我的。Zuǒ biān nà ge hóng sè de shì wǒ de.

问：小王的杯子是什么颜色的？Xiǎo wáng de bēi zi shì shén me yán sè de?

  A 红色 hóng sè √   B 黑色 hēi sè   C 白色 bái sè

21. A 打电话 dǎ diàn huà   B 吃饭 chī fàn   C 运动 yùn dòng

22. A 早上跑步 zǎo shàng pǎo bù   B 晚上跑步 wǎn shàng pǎo bù   C 不跑步 bù pǎo bù

23. A 9块钱 kuài qián   B 6块钱 kuài qián   C 3块钱 kuài qián

24. A 牛奶 niú nǎi   B 可乐 kě lè   C 白开水 bái kāi shuǐ

25. A 去年 qù nián   B 今年 jīn nián   C 明年 míng nián

26. A 一起来的 yì qǐ lái de   B 看见车了 kàn jiàn chē le   C 不知道 bù zhī dào

27. A 找王同学 zhǎo wáng tóng xué   B 找王老师 zhǎo wáng lǎo shī   C 找王医生 zhǎo wáng yī shēng

28. A 下雨 xià yǔ   B 晴天 qíng tiān   C 阴天 yīn tiān

29. A 3岁 suì   B 5岁 suì   C 7岁 suì

30. A 2017年 nián   B 2018年 nián   C 2019年 nián

第四部分

第 31-35 题

例如：下午我去商店，我想买一些水果。

  Xià wǔ wǒ qù shāng diàn, wǒ xiǎng mǎi yì xiē shuǐ guǒ.

问：她下午去哪里？Tā xià wǔ qù nǎ lǐ?

   A 商店 shāng diàn ✓ B 医院 yī yuàn C 学校 xué xiào

31. A 运动 yùn dòng B 工作 gōng zuò C 学习 xué xí

32. A 12岁 suì B 10岁 suì C 8岁 suì

33. A 不会 bú huì B 会一点 huì yì diǎn C 不知道 bù zhī dào

34. A 没有 méi yǒu B 去过一次 qù guò yí cì C 去过2次 qù guò 2 cì

35. A 苹果 píng guǒ B 牛奶 niú nǎi C 西瓜 xī guā

二、阅读

第一部分

第 36-40 题

A 　　　B

C 　　　D

E 　　　F

例如：Měi gè xīng qī liù, wǒ dōu qù dǎ lán qiú.
每个星期六，我都去打篮球。　　E

36. nǐ bié yì zhí kàn shǒu jī, duì yǎn jīng bù hǎo.
你别一直看手机，对眼睛不好。

37. zhè xiē bào zhǐ wǒ yǐ jīng dōu kàn wán le, nǐ ná zǒu ba.
这些报纸我已经都看完了，你拿走吧。

38. fú wù yuán, qǐng wèn zhè lǐ yǒu shén me hǎo chī de cài ma?
服务员，请问这里有什么好吃的菜吗？

39. tā zuó tiān wǎn shàng shuì de hěn wǎn, dào xiàn zài hái méi qǐ chuáng.
他昨天晚上睡得很晚，到现在还没起床。

40. nǐ yě xǐ huān chàng gē ma? tài hǎo le!
你也喜欢唱歌吗？太好了！

第二部分

第 41-45 题

| A 咖啡 (kā fēi) | B 水果 (shuǐ guǒ) | C 旁边 (páng biān) | D 服务员 (fú wù yuán) | E 贵 (guì) | F 机场 (jī chǎng) |

例如：Zhèr de yáng ròu hěn hǎo chī, dàn shì yě hěn _____.
这儿的 羊肉 很 好吃，但是也很（ E ）。

41. nǐ jiā jiù zài yī yuàn de _____ ma?
    你家 就在 医院 的（　　）吗？

42. nǐ bié máng le, hē bēi _____, xiū xi yí xià ba.
    你别忙了，喝杯（　　），休息一下吧。

43. _____, wǒ xiǎng diǎn cài.
    （　　），我想 点 菜。

44. 男：nǐ jīn tiān xià wǔ zěn me qù _____? yào wǒ sòng nǐ ma?
    男：你今天 下 午怎么去（　　）？要 我送 你吗？
    女：bú yòng le, wǒ zuò chū zū chē qù jiù xíng.
    女：不 用 了，我 坐出租 车去就行。

45. 女：nǐ wǎn fàn xiǎng chī shén me?
    女：你 晚饭 想 吃 什么？
    男：wǒ bú shì hěn è, chī diǎn _____ jiù xíng.
    男：我 不是 很 饿，吃点（　　）就行。

第三部分

第 46-50 题

Xiàn zài shì 11 diǎn 30 fēn, tā men yǐ jīng yóu le 20 fēn zhōng le.

例如：现在是11点30分，他们已经游了20分钟了。

Tā men 11 diǎn 10 fēn kāi shǐ yóu yǒng.

★ 他们11点10分开始游泳。　　　　　　　　　　　　　(√)

Wǒ huì tiào wǔ, dàn tiào de bú tài hǎo.

我会跳舞，但跳得不太好。

Wǒ tiào de fēi cháng hǎo.

★ 我跳得非常好。　　　　　　　　　　　　　　　　　(x)

46. bà ba fēi cháng xǐ huān tī zú qiú, yì yǒu shí jiān, jiù hé tā de péng you yì qǐ qù tī zú qiú.

爸爸非常喜欢踢足球，一有时间，就和他的朋友一起去踢足球。

bà ba xǐ huān tī zú qiú.

★ 爸爸喜欢踢足球。　　　　　　　　　　　　　　　　(　　)

47. qián mian shì mài píng guǒ de, hěn pián yi, wǒ men qù mǎi yì diǎn ba.

前面是卖苹果的，很便宜，我们去买一点吧。

píng guǒ bú guì.

★ 苹果不贵。　　　　　　　　　　　　　　　　　　　(　　)

51

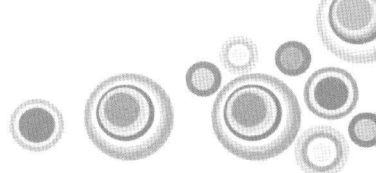

48. wǒ dǎ diàn huà gào sù bà ba wǒ xīn mǎi de shǒu biǎo bú jiàn le, bà ba shuō wǒ de shǒu biǎo zài wǒ de fáng jiān lǐ.

我打电话告诉爸爸我新买的手表不见了，爸爸说我的手表在我的房间里。

wǒ de shǒu biǎo bú jiàn le.

★ 我的手表不见了。　　　　　　　　　　　　　　（　　）

49. wǒ jiā lí xué xiào hěn jìn, zǒu lù yào 15 fēn zhōng, qí zì xíng chē yào 8 fēn zhōng.

我家离学校很近，走路要15分钟，骑自行车要8分钟。

cóng wǒ jiā qù xué xiào qí zì xíng chē yào 15 fēn zhōng.

★ 从我家去学校骑自行车要15分钟。　　　　　　（　　）

50. wǒ hǎo lèi, wǒ xiǎng shuì jiào, dàn shì wǒ de zuò yè hái méi yǒu xiě wán.

我好累，我想睡觉，但是我的作业还没有写完。

wǒ hěn xiǎng shuì jiào.

★ 我很想睡觉。　　　　　　　　　　　　　　　　（　　）

第四部分

第 51-55 题

A. zhè zhī xiǎo gǒu zěn me yì zhí duì wǒ jiào.
这只小狗怎么一直对我叫。

B. tā kàn qǐ lái hǎo xiàng méi nǐ gāo.
他看起来好像没你高。

C. hái tǐng yuǎn de, cóng zhè lǐ dào jī chǎng xū yào yí gè duō xiǎo shí.
还挺远的，从这里到机场需要一个多小时。

D. tā měi tiān dōu hěn rèn zhēn de xué xí, kàn shū.
她每天都很认真地学习，看书。

E. tā zài nǎr ne? nǐ kàn jiàn tā le ma?
他在哪儿呢？你看见他了吗？

F. wǒ péng you jiào wǒ qù kàn diàn yǐng.
我朋友叫我去看电影。

例如： Tā hái zài jiào shì lǐ xué xí.
他还在教室里学习。   **E**

51. xiàn zài yǐ jīng hěn wǎn le, nǐ chū qù gàn shén me?
现在已经很晚了，你出去干什么？

52. tā bú rèn shi nǐ.
它不认识你。

53. jī chǎng lí zhèr yuǎn ma?
机场离这儿远吗？

54. wǒ hé tā, shuí gāo yì diǎn a?
我和他，谁高一点啊？

55. suǒ yǐ tā měi cì kǎo shì dōu shì dì yī míng.
所以她每次考试都是第一名。

第五部分

第 56-60 题

A. tā měi tiān dōu yào gōng zuò dào wǎn shàng 12 diǎn, xīng qī liù yě hái yào gōng zuò.
她每天都要工作到晚上12点，星期六也还要工作。

B. nǐ bié kàn diàn nǎo le, duì yǎn jīng bù hǎo.
你别看电脑了，对眼睛不好。

C. nǐ zěn me zhè me gāo xìng? yǒu shén me kāi xīn de shì?
你怎么这么高兴？有什么开心的事？

D. zhōng guó lí zhèr hěn yuǎn ma?
中国离这儿很远吗？

E. tā shì wǒ gē ge de xiǎo xué tóng xué.
他是我哥哥的小学同学。

56. nǐ rèn shi tā ma?
你认识他吗？ ☐

57. tā měi tiān zhēn de hǎo máng ya.
她每天真的好忙呀。 ☐

58. hǎo de, wǒ zhī dào le.
好的，我知道了。 ☐

59. wǒ kǎo le dì yī míng.
我考了第一名。 ☐

60. bù yuǎn, zuò fēi jī zhǐ yào 2 gè xiǎo shí.
不远，坐飞机只要2个小时。 ☐

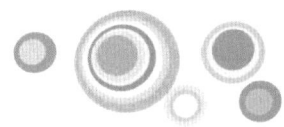

新汉语水平考试

HSK（二级）5

注　意

一、HSK（二级）分两部分：

　1. 听力（35 题，约 25 分钟）

　2. 阅读（25 题，22 分钟）

二、听力结束后，有 3 分钟填写答题卡。

三、全部考试约 55 分钟（含考生填写个人信息时间 5 分钟）。

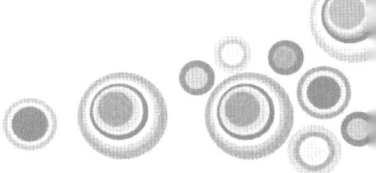

一、听力

第一部分

第 1-10 题

例如：	(家庭照片)	√
	(自行车)	×
1.	(鱼)	
2.	(学生)	
3.	(女孩和男孩)	
4.	(手机)	

5.		
6.		
7.		
8.		
9.		
10.		

第二部分

第 11-15 题

A
B
C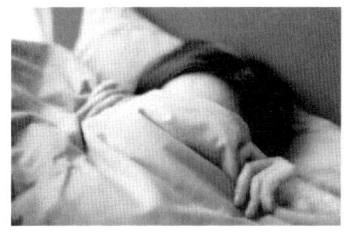
D
E
F

例如：　男：你喜欢什么运动？Nǐ xǐ huān shén me yùn dòng?
　　　　女：我最喜欢踢足球。Wǒ zuì xǐ huān tī zú qiú.　　　　D

11.

12.

13.

14.

15.

第 16-20 题

A

B

C

D

E

16. ☐

17. ☐

18. ☐

19. ☐

20. ☐

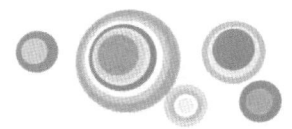

第三部分

第 21-30 题

例如：男：小王，这里有几个杯子，哪个是你的？

Xiǎo wáng, zhè lǐ yǒu jǐ gè bēi zi, nǎ ge shì nǐ de?

女：左边那个红色的是我的。Zuǒ biān nà ge hóng sè de shì wǒ de.

问：小王的杯子是什么颜色的？Xiǎo wáng de bēi zi shì shén me yán sè de?

    A 红色 hóng sè ✓   B 黑色 hēi sè   C 白色 bái sè

21.   A 手机 shǒu jī   B 电脑 diàn nǎo   C 手表 shǒu biǎo

22.   A 我的 wǒ de   B 妈妈 mā ma   C 男朋友 nán péng you

23.   A 坐火车 zuò huǒ chē   B 坐船 zuò chuán   C 坐飞机 zuò fēi jī

24.   A 学校 xué xiào   B 咖啡厅 kā fēi tīng   C 医院 yī yuàn

25.   A 羊肉 yáng ròu   B 牛肉 niú ròu   C 菜 cài

26.   A 很便宜 hěn pián yi   B 很贵 hěn guì   C 很漂亮 hěn piào liang

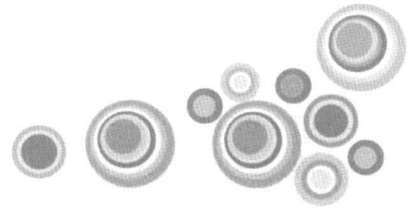

27. A 吃完了 chī wán le   B 不好吃 bù hǎo chī   C 已经好了 yǐ jīng hǎo le

28. A 李 lǐ   B 云 yún   C 白 bái

29. A 吃面包 chī miàn bāo   B 喝牛奶 hē niú nǎi   C 吃饭 chī fàn

30. A 500元 yuán   B 1000元 yuán   C 1500元 yuán

第四部分

第 31-35 题

例如：下午我去商店，我想买一些水果。
　　　Xià wǔ wǒ qù shāng diàn, wǒ xiǎng mǎi yì xiē shuǐ guǒ.

问：她下午去哪里？Tā xià wǔ qù nǎ lǐ?

　　A 商店 shāng diàn ✓　　　B 医院 yī yuàn　　　C 学校 xué xiào

31.　A 面包 miàn bāo　　　B 米饭 mǐ fàn　　　C 菜 cài

32.　A 工作 gōng zuò　　　B 学习 xué xí　　　C 运动 yùn dòng

33.　A 有意思 yǒu yì si　　　B 太少了 tài shǎo le　　　C 太多了 tài duō le

34.　A 没吃 méi chī　　　B 牛奶 niú nǎi　　　C 面包 miàn bāo

35.　A 旅游 lǚ yóu　　　B 唱歌 chàng gē　　　C 跳舞 tiào wǔ

二、阅读

第一部分

第 36-40 题

A		B	
C		D	
E		F	

例如： Měi gè xīng qī liù, wǒ dōu qù dǎ lán qiú.
每个星期六，我都去打篮球。   **E**

36. mā ma zuò de yú ròu shí zài tài hǎo chī le, wǒ hái xiǎng chī.
妈妈做的鱼肉实在太好吃了，我还想吃。

37. wǒ men měi tiān zǒu lù qù xué xiào xū yào 30 fēn zhōng.
我们每天走路去学校需要30分钟。

38. tài zǎo le, lù shang dōu méi yǒu rén.
太早了，路上都没有人。

39. wǒ zuó tiān zài kā fēi diàn kàn jiàn wáng tóng xué zài hé péng you shuō huà.
我昨天在咖啡店看见王同学在和朋友说话。

40. míng tiān wǒ yào zuò fēi jī qù shàng hǎi, jīn tiān wǎn shàng zǎo diǎn shuì ba.
明天我要坐飞机去上海，今天晚上早点睡吧。

第二部分

第 41-45 题

	kàn shū		jī dàn		yǎn jīng		shēn tǐ		guì		tiān qì
A	看书	B	鸡蛋	C	眼睛	D	身体	E	贵	F	天气

例如：Zhèr de yáng ròu hěn hǎo chī, dàn shì yě hěn   .

这儿的 羊肉 很 好吃，但是也很（ E ）。

41. nǐ bié kàn shǒu jī le, duì   bù hǎo.
     你别看 手机了，对（ ）不好。

42. nǐ kuài qù   ba, míng tiān bú shì yào kǎo shì ma?
     你快去（ ）吧，明 天不是 要考 试吗？

43. jīn tiān de   zhēn hǎo a, wǒ men chū qù wán ba.
     今天的（ ）真好啊，我 们 出去 玩吧。

44. 男：nǐ   hǎo diǎn le ma?
     男：你（ ）好 点了吗？

     女：chī guò yào zhī hòu hǎo duō le.
     女：吃过 药 之后 好多了。

45. 女：nǐ qí zì xíng chē qù mǎi   ma?
     女：你骑自行 车去买（ ）吗？

     男：shì a, zhè yàng huì kuài yì diǎn.
     男：是啊，这样 会 快 一点。

第三部分

第 46-50 题

例如：Xiàn zài shì 11 diǎn 30 fēn, tā men yǐ jīng yóu le 20 fēn zhōng le.
现在是11点30分，他们已经游了20分钟了。

Tā men 11 diǎn 10 fēn kāi shǐ yóu yǒng.

★ 他们11点10分开始游泳。　　　　　　　　　　　　　　（ √ ）

Wǒ huì tiào wǔ, dàn tiào de bú tài hǎo.

我会跳舞，但跳得不太好。

Wǒ tiào de fēi cháng hǎo.

★ 我跳得非常好。　　　　　　　　　　　　　　　　　　（ X ）

46. xīng qī yī dào xīng qī wǔ, wǒ měi tiān zǎo shàng 7 diǎn qǐ chuáng, xīng qī liù, xīng qī tiān wǒ zǎo shàng 9 diǎn qǐ chuáng.

星期一到星期五，我每天早上7点起床，星期六，星期天我早上9点起床。

wǒ xīng qī sān zǎo shàng 7 diǎn qǐ chuáng.

★ 我星期三早上7点起床。　　　　　　　　　　　　　　（　　）

47. shàng ge yuè, wǒ zài nín zhè lǐ mǎi le yì zhāng zhuō zi, dàn shì dào jīn tiān hái méi yǒu sòng guò lai, wǒ xiǎng wèn yí xià shì zěn me le.

上个月，我在您这里买了一张桌子，但是到今天还没有送过来，我想问一下是怎么了。

zhuō zi hái méi yǒu sòng.

★ 桌子还没有送。　　　　　　　　　　　　　　　　　　（　　）

48. zhè shì xīn lái de xiǎo liú, gěi dà jiā jiè shào yí xià, dà jiā huān yíng.

这是新来的小刘，给大家介绍一下，大家欢迎。

tā zài jiè shào zì jǐ.

★ 他在介绍自己。 （ ）

49. jīn nián kāi shǐ, wǒ měi tiān zǎo shàng dōu qù pǎo bù, gǎn jué wǒ de shēn tǐ bǐ qù nián hǎo duō le.

今年开始，我每天早上都去跑步，感觉我的身体比去年好多了。

pǎo bù duì shēn tǐ hǎo.

★ 跑步对身体好。 （ ）

50. xiān sheng, nín hǎo, zhè shì nín yào de kā fēi.

先生，您好，这是您要的咖啡。

tā zài shāng diàn.

★ 他在商店。 （ ）

第四部分

第 51-55 题

A. nǐ gāng gāng gěi wǒ dǎ diàn huà le? yǒu shén me shì ma?
你刚刚给我打电话了？有什么事吗？

B. nǐ bú yào yì zhí zuò zài nà lǐ, duì shēn tǐ bù hǎo.
你不要一直坐在那里，对身体不好。

C. bú shì, zhè shì wǒ dì èr cì lái běi jīng le.
不是，这是我第二次来北京了。

D. nǐ jué de zhè jiàn yī fu de yán sè zěn me yàng?
你觉得这件衣服的颜色怎么样？

E. tā zài nǎr ne? nǐ kàn jiàn tā le ma?
他在哪儿呢？你看见他了吗？

F. xiàn zài kě yǐ chū fā le ma?
现在可以出发了吗？

例如： Tā hái zài jiào shì lǐ xué xí.
他还在教室里学习。　　**E**

51. nà wǒ men chū qù zǒu zou ba.
那我们出去走走吧。

52. bà ba shēng bìng le, nǐ zǎo diǎn huí jiā.
爸爸生病了，你早点回家。

53. nǐ dì yī cì lái běi jīng ma?
你第一次来北京吗？

54. zhè ge yán sè wǒ bú shì hěn xǐ huān.
这个颜色我不是很喜欢。

55. děng yí xià, wǒ hái zài chuān yī fu.
等一下，我还在穿衣服。

第五部分

第 56-60 题

A. nǐ míng tiān qù yóu yǒng ma?
你明天去游泳吗？

B. wǒ bú shì, wǒ yě shì lái mǎi dōng xi de.
我不是，我也是来买东西的。

C. zhàng fū ràng tā měi tiān zǎo shàng qù pǎo bù.
丈夫让她每天早上去跑步。

D. méi shì, wǒ men zài qù bié de shāng diàn kàn kan ba.
没事，我们再去别的商店看看吧。

E. nà jù huà shì shén me yì si? wǒ bù dǒng.
那句话是什么意思？我不懂。

56. yī shēng shuō zhè yàng duì shēn tǐ hǎo.
医生说这样对身体好。

57. nǐ shì zhè lǐ de fú wù yuán ma?
你是这里的服务员吗？

58. zhè jiàn yī fu tài guì le.
这件衣服太贵了。

59. wǒ míng tiān yǒu kǎo shì, kǎo wán shì zài qù ba.
我明天有考试，考完试再去吧。

60. wǒ yě bù zhī dào, nǐ qù wèn wen lǎo shī ba.
我也不知道，你去问问老师吧。

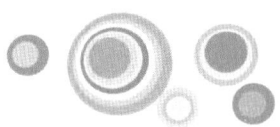

新汉语水平考试

HSK（二级）6

注　意

一、HSK（二级）分两部分：

　　1. 听力（35 题，约 25 分钟）

　　2. 阅读（25 题，22 分钟）

二、听力结束后，有 3 分钟填写答题卡。

三、全部考试约 55 分钟（含考生填写个人信息时间 5 分钟）。

一、听力

第一部分

第 1-10 题

例如：		√
		×
1.		
2.		
3.		
4.		

5.			
6.			
7.			
8.			
9.			
10.			

 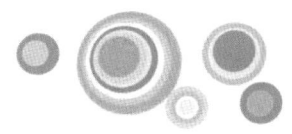

第二部分

第 11-15 题

A    B

C    D

E    F

例如：男：你喜欢什么运动？Nǐ xǐ huān shén me yùn dòng?

女：我最喜欢踢足球。Wǒ zuì xǐ huān tī zú qiú.   D

11. ☐

12. ☐

13. ☐

14. ☐

15. ☐

第 16-20 题

A

B

C

D

E

16.

17.

18.

19.

20.

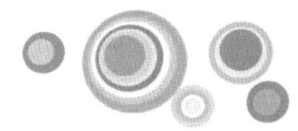

第三部分

第 21-30 题

例如：男：小王，这里有几个杯子，哪个是你的？

　　　　Xiǎo wáng, zhè lǐ yǒu jǐ gè bēi zi, nǎ ge shì nǐ de?

　　女：左边那个红色的是我的。Zuǒ biān nà ge hóng sè de shì wǒ de.

　　问：小王的杯子是什么颜色的？Xiǎo wáng de bēi zi shì shén me yán sè de?

　　　　A　红色　hóng sè ✓　　　B　黑色　hēi sè　　　C　白色　bái sè

21.　A　上课　shàng kè　　　B　睡觉　shuì jiào　　　C　玩　wán

22.　A　第一名　dì yī míng　　B　第二名　dì èr míng　　C　第三名　dì sān míng

23.　A　太难了　tài nán le　　B　不难　bù nán　　　C　不知道　bù zhī dào

24.　A　找飞机票　zhǎo fēi jī piào　B　找车票　zhǎo chē piào　C　找船票　zhǎo chuán piào

25.　A　听音乐　tīng yīn yuè　　B　唱歌　chàng gē　　　C　跳舞　tiào wǔ

26.　A　妹妹　mèi mei　　　B　弟弟　dì di　　　C　哥哥　gē ge

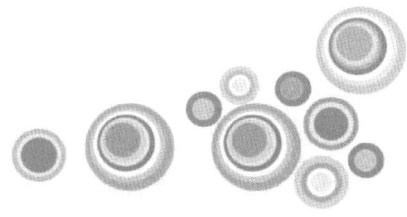

27. A 老师 lǎo shī   B 医生 yī shēng   C 服务员 fú wù yuán

28. A 打电话了 dǎ diàn huà le   B 吃饭了 chī fàn le   C 运动了 yùn dòng le

29. A 公司 gōng sī   B 学校 xué xiào   C 饭店 fàn diàn

30. A 韩国 hán guó   B 北京 běi jīng   C 英国 yīng guó

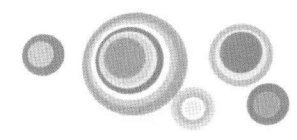

第四部分

第 31-35 题

例如：下午我去商店，我想买一些水果。

Xià wǔ wǒ qù shāng diàn, wǒ xiǎng mǎi yì xiē shuǐ guǒ.

问：她下午去哪里？Tā xià wǔ qù nǎ lǐ?

      A 商店 shāng diàn √   B 医院 yī yuàn   C 学校 xué xiào

31. A 椅子后面 yǐ zi hòu mian   B 桌子后面 zhuō zi hòu mian   C 房间里面 fáng jiān lǐ mian

32. A 20元 yuán   B 100元 yuán   C 200元 yuán

33. A 星期五 xīng qī wǔ   B 星期六 xīng qī liù   C 星期天 xīng qī tiān

34. A 喝茶 hē chá   B 吃中国菜 chī zhōng guó cài   C 吃米饭 chī mǐ fàn

35. A 买手机 mǎi shǒu jī   B 买电脑 mǎi diàn nǎo   C 买衣服 mǎi yī fu

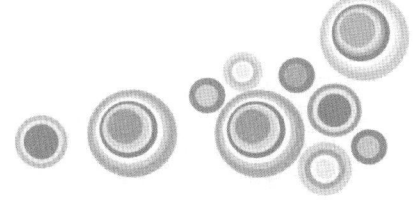

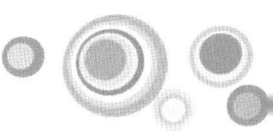

二、阅读

第一部分

第 36-40 题

A 　　　　B

C 　　　　D

E 　　　　F

例如：Měi gè xīng qī liù, wǒ dōu qù dǎ lán qiú.
每个星期六，我都去打篮球。　　E

36. nǐ bié shuō huà, hái zi zhèng zài shuì jiào ne.
你别说话，孩子正在睡觉呢。

37. nǐ kàn, tā men hǎo xiàng zhèng zài kǎo shì ne.
你看，他们好像正在考试呢。

38. wǒ xiǎng xiǎng, zhè ge zì shì shén me yì si.
我想想，这个字是什么意思。

39. jīn tiān tài rè le, chī diǎn xī guā ba.
今天太热了，吃点西瓜吧。

40. tā de gǒu pǎo de kě zhēn kuài ya.
她的狗跑得可真快呀。

第二部分

第 41-45 题

lǚ yóu	zhōng guó cài	piào	lù	guì	yóu yǒng
A 旅游	B 中国菜	C 票	D 路	E 贵	F 游泳

例如：Zhèr de yáng ròu hěn hǎo chī, dàn shì yě hěn ____.

这儿的 羊肉 很 好吃，但是 也很（ E ）。

41. wǒ zuó tiān qù chī le ____, tài hǎo chī le.

    我 昨天 去吃了（ ），太好吃了。

42. wǒ xiǎng yào qù běi jīng ____, dàn shì méi qián.

    我 想 要 去 北京（ ），但是 没钱。

43. wǎn shàng de shí hòu ____ shàng yǒu hěn duō rén.

    晚 上 的时候（ ）上 有 很 多 人。

44. 男：nǐ zhōu mò yǒu shí jiān ma? wǒ men yì qǐ qù chàng gē ba.

    男：你 周末 有 时间 吗？我 们 一起 去 唱 歌 吧。

    女：méi yǒu, wǒ yào qù xué ____.

    女：没 有，我 要 去 学（ ）。

45. 女：nǐ mǎi le huí jiā de huǒ chē ____ le ma?

    女：你 买了 回家的 火车（ ）了吗？

    男：hái méi yǒu, wǒ zhǔn bèi míng tiān qù mǎi.

    男：还 没 有，我 准备 明天 去买。

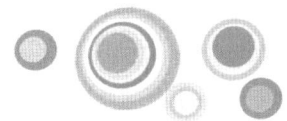

第三部分

第 46-50 题

Xiàn zài shì 11 diǎn 30 fēn, tā men yǐ jīng yóu le 20 fēn zhōng le.

例如：现在是11点30分，他们已经游了20分钟了。

Tā men 11 diǎn 10 fēn kāi shǐ yóu yǒng.

★ 他们11点10分开始游泳。　　　　　　　　　　　　　（ √ ）

Wǒ huì tiào wǔ, dàn tiào de bú tài hǎo.

我会跳舞，但跳得不太好。

Wǒ tiào de fēi cháng hǎo.

★ 我跳得非常好。　　　　　　　　　　　　　　　　　（ x ）

46. wǒ gāng gāng chī le hěn duō dōng xi, xiàn zài dù zi yǒu diǎn bù shū fu.

我刚刚吃了很多东西，现在肚子有点不舒服。

wǒ chī dōng xi chī duō le.

★ 我吃东西吃多了。　　　　　　　　　　　　　　　　（　　）

47. wéi, nín hǎo, qǐng wèn lǐ lǎo shī zài ma, wǒ yǒu shì xiǎng yào wèn yí xià lǐ lǎo shī.

喂，您好，请问李老师在吗，我有事想要问一下李老师。

wǒ zhèng zài dǎ diàn huà.

★ 我正在打电话。　　　　　　　　　　　　　　　　　（　　）

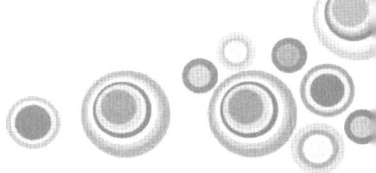

48. nǚ ér cóng huí jiā dào xiàn zài, yì zhí zài gōng zuò, dōu méi yǒu shí jiān chī fàn, zhēn xī wàng tā bié tài máng.

女儿从回家到现在，一直在工作，都没有时间吃饭，真希望她别太忙。

  tā xī wàng nǚ ér bú yào tài máng.

★ 他希望女儿不要太忙。   ( )

49. wǒ jīn tiān shàng wǔ yào qù gōng sī kāi huì, xià wǔ yào zuò fēi jī qù shàng hǎi.

我今天上午要去公司开会，下午要坐飞机去上海。

  wǒ jīn tiān yì tiān dōu zài gōng sī.

★ 我今天一天都在公司。   ( )

50. wǒ xiàn zài yǐ jīng 70 gōng jīn le, wǒ děi yào yùn dòng yùn dòng le.

我现在已经70公斤了，我得要运动运动了。

  wǒ bù xiǎng yùn dòng.

★ 我不想运动。   ( )

 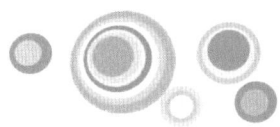

第四部分

第 51-55 题

A. mā ma, nǎ ge bēi zi shì nǐ de?
妈妈，哪个杯子是你的？

B. nǐ jǐ hào huí jiā?
你几号回家？

C. nǐ bú shì zǒu le ma? zěn me yòu huí lai le.
你不是走了吗？怎么又回来了。

D. wǒ měi tiān wǎn shàng dōu huì chū qù zǒu zou.
我每天晚上都会出去走走。

E. tā zài nǎr ne? nǐ kàn jiàn tā le ma?
他在哪儿呢？你看见他了吗？

F. xiè xie nǐ, wǒ hěn xǐ huān.
谢谢你，我很喜欢。

例如： Tā hái zài jiào shì lǐ xué xí.
他还在教室里学习。　　　　E

51. yòu biān hóng sè de nà ge shì wǒ de.
右边红色的那个是我的。

52. shǒu jī zài jiā lǐ, wǒ méi yǒu ná.
手机在家里，我没有拿。

53. wǒ mǎi le 13 hào de chuán piào.
我买了13号的船票。

54. dàn shì zuó tiān wǎn shàng xià yǔ le, wǒ jiù méi yǒu chū qù le.
但是昨天晚上下雨了，我就没有出去了。

55. zhè shì wǒ sòng gěi nǐ de shēng rì lǐ wù, xī wàng nǐ néng xǐ huān.
这是我送给你的生日礼物，希望你能喜欢。

第五部分

第 56-60 题

A. kuài xià yǔ le, wǒ men kuài huí jiā ba.
快下雨了，我们快回家吧。

B. nǐ de zì xiě de zhēn piào liang a!
你的字写得真漂亮啊！

C. wǒ hěn xǐ huān dōng tiān.
我很喜欢冬天。

D. nǐ chī zǎo fàn le ma?
你吃早饭了吗？

E. wǒ xǐ huān chàng gē, suǒ yǐ chàng gē de shí hòu wǒ hěn kuài lè.
我喜欢唱歌，所以唱歌的时候我很快乐。

56. wǒ bú shì hěn è, zhǐ chī le yí kuài miàn bāo.
我不是很饿，只吃了一块面包。 ☐

57. méi shì, wǒ kāi chē lái de, kě yǐ sòng nǐ huí jiā.
没事，我开车来的，可以送你回家。 ☐

58. yīn wèi dōng tiān huì xià xuě, wǒ kě yǐ duī xuě rén.
因为冬天会下雪，我可以堆雪人。 ☐

59. wǒ yào xiàng nǐ xué xí.
我要向你学习。 ☐

60. měi gè rén zuò zì jǐ xǐ huān de shì qing de shí hòu dōu hěn kuài lè.
每个人做自己喜欢的事情的时候都很快乐。 ☐

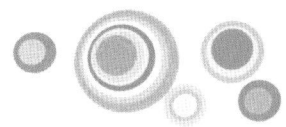

新汉语水平考试

HSK（二级）7

注　意

一、HSK（二级）分两部分：

1. 听力（35 题，约 25 分钟）

2. 阅读（25 题，22 分钟）

二、听力结束后，有 3 分钟填写答题卡。

三、全部考试约 55 分钟（含考生填写个人信息时间 5 分钟）。

一、听力

第一部分

第 1-10 题

例如:		✓
		×
1.		
2.		
3.		
4.		

5.		
6.		
7.		
8.		
9.		
10.		

第二部分

第 11-15 题

A

B

C

D

E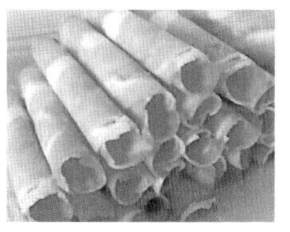

F

例如： 男：你喜欢什么运动？Nǐ xǐ huān shén me yùn dòng?

女：我最喜欢踢足球。Wǒ zuì xǐ huān tī zú qiú.

[D]

11. □

12. □

13. □

14. □

15. □

第 16-20 题

A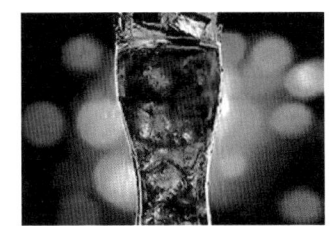
B
C
D
E

16.

17.

18.

19.

20.

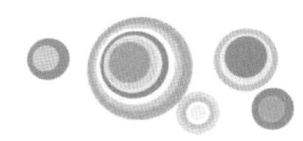

第三部分

第 21-30 题

例如：男：小王，这里有几个杯子，哪个是你的？

Xiǎo wáng, zhè lǐ yǒu jǐ gè bēi zi, nǎ ge shì nǐ de?

女：左边那个红色的是我的。Zuǒ biān nà ge hóng sè de shì wǒ de.

问：小王的杯子是什么颜色的？Xiǎo wáng de bēi zi shì shén me yán sè de?

  A 红色 hóng sè ✓   B 黑色 hēi sè   C 白色 bái sè

21.   A 洗衣服 xǐ yī fu   B 洗菜 xǐ cài   C 做饭 zuò fàn

22.   A 在 zài   B 不在 bú zài   C 不知道 bù zhī dào

23.   A 2点 diǎn   B 8点 diǎn   C 10点 diǎn

24.   A 5岁 suì   B 10岁 suì   C 15岁 suì

25.   A 今天 jīn tiān   B 明天 míng tiān   C 后天 hòu tiān

26.   A 在家吃 zài jiā chī   B 出去吃 chū qù chī   C 吃什么都可以 chī shén me dōu kě yǐ

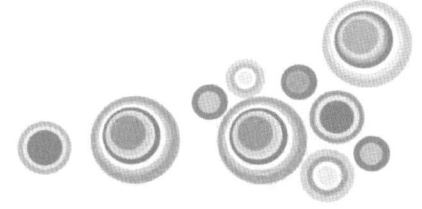

27. A 买报纸 mǎi bào zhǐ   B 卖报纸 mài bào zhǐ   C 买书 mǎi shū

28. A 医院 yī yuàn   B 家 jiā   C 学校 xué xiào

29. A 晴天 qíng tiān   B 下雨 xià yǔ   C 下雪 xià xuě

30. A 吃饭 chī fàn   B 上课 shàng kè   C 买衣服 mǎi yī fu

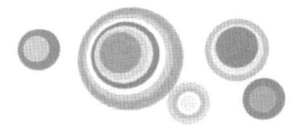

第四部分

第 31-35 题

例如：下午我去商店，我想买一些水果。
　　　Xià wǔ wǒ qù shāng diàn, wǒ xiǎng mǎi yì xiē shuǐ guǒ.

问：她下午去哪里？Tā xià wǔ qù nǎ lǐ?

　　　A　商店 shāng diàn √　　　B　医院 yī yuàn　　　C　学校 xué xiào

31.　A　太热了 tài rè le　　　B　太冷了 tài lěng le　　　C　不冷不热 bù lěng bú rè

32.　A　西瓜 xī guā　　　B　橘子 jú zi　　　C　苹果 píng guǒ

33.　A　包里 bāo lǐ　　　B　桌子下面 zhuō zi xià mian　　　C　桌子上面 zhuō zi shàng mian

34.　A　肚子不舒服 dù zi bù shū fu　　　B　眼睛不舒服 yǎn jīng bù shū fu　　　C　牙不舒服 yá bù shū fu

35.　A　跑步 pǎo bù　　　B　骑自行车 qí zì xíng chē　　　C　游泳 yóu yǒng

二、阅读

第一部分

第 36-40 题

A		B	
C		D	
E		F	

例如：Měi gè xīng qī liù, wǒ dōu qù dǎ lán qiú.
每个星期六，我都去打篮球。　　E

36. hē bēi kā fēi, xiū xi yí xià ba.
喝杯咖啡，休息一下吧。

37. tā shēng bìng le, xiàn zài zài yī yuàn lǐ.
她生病了，现在在医院里。

38. wǒ jīn tiān kàn diàn nǎo kàn le hěn cháng shí jiān, yǎn jīng hěn lèi.
我今天看电脑看了很长时间，眼睛很累。

39. wǒ hǎo è, wǒ men yì qǐ qù fàn diàn chī fàn ba.
我好饿，我们一起去饭店吃饭吧。

40. nǐ zhǎo wǒ mèi mei ma? tā jiù zuò zài wǒ páng biān.
你找我妹妹吗？她就坐在我旁边。

第二部分

第 41-45 题

| A 意思 (yì si) | B 打电话 (dǎ diàn huà) | C 起床 (qǐ chuáng) | D 难 (nán) | E 贵 (guì) | F 欢迎 (huān yíng) |

例如：Zhèr de yáng ròu hěn hǎo chī, dàn shì yě hěn ___ .
这儿的 羊肉 很 好吃，但是 也很（ E ）。

41. lǎo shī, zhè jù huà shì shén me ___ ?
老师，这 句话是 什么（ ）？

42. zhè dào tí tài ___ le, wǒ bú huì xiě.
这 道题 太（ ）了，我 不会 写。

43. ràng wǒ men ___ xīn lái de xiǎo wáng.
让 我们（ ）新来的 小 王。

44. 男：nǐ zěn me hái bù ___ , jīn tiān bú shàng xué ma?
你怎么 还不（ ），今天不上 学吗？

女：jīn tiān xīng qī liù, bú yòng qù xué xiào.
今 天 星期六，不 用 去学校。

45. 女：kuài jiào nǐ bà ba lái chī fàn.
快 叫你爸爸来吃饭。

男：bà ba zhèng zài fáng jiān lǐ mian ___ ne.
爸爸 正 在 房间 里面（ ）呢。

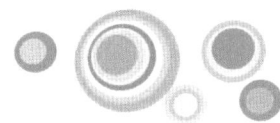

第三部分

第 46-50 题

例如：现在是11点30分，他们已经游了20分钟了。

★ 他们11点10分开始游泳。 (√)

我会跳舞，但跳得不太好。

★ 我跳得非常好。 (x)

46. 妈妈，我想吃饭了，你快去做饭吧。

★ 妈妈已经做好饭了。 ( )

47. 现在有点晚了，我们还是坐出租车过去吧。

★ 现在还有时间，我们准备开车过去。 ( )

48. míng tiān jiù shì 2019 nián le, xī wàng dà jiā zài xīn de yì nián lǐ, měi tiān dōu kāi xīn kuài lè.

   明天就是2019年了，希望大家在新的一年里，每天都开心快乐。

   jīn tiān shì 2018 nián.

   ★ 今天是2018年。　　　　　　　　　　　　　　　　（　　）

49. zhè shì wǒ mèi mei de nǚ ér, tā shì lǎo shī, nǐ hái zi yǒu shén me wèn tí kě yǐ wèn tā.

   这是我妹妹的女儿，她是老师，你孩子有什么问题可以问她。

   wǒ mèi mei de nǚ ér shì lǎo shī.

   ★ 我妹妹的女儿是老师。　　　　　　　　　　　　　（　　）

50. gāng gāng dì di dǎ diàn huà lái shuō, xiǎng ràng nǐ hé tā yì qǐ qù mǎi diàn nǎo.

   刚刚弟弟打电话来说，想让你和他一起去买电脑。

   dì di xiǎng mǎi shǒu jī.

   ★ 弟弟想买手机。　　　　　　　　　　　　　　　　（　　）

第四部分

第 51-55 题

A. zhè běn shū méi yǒu yì si, wǒ bù xiǎng kàn le.
这本书没有意思，我不想看了。

B. wǒ tài lèi le, wǒ xiǎng shuì yí xià.
我太累了，我想睡一下。

C. mā ma, bú zài jiā ma, nǐ qù nǎ lǐ le?
妈妈，不在家吗，你去哪里了？

D. děng yí xià kě néng jiù yào xià yǔ le.
等一下可能就要下雨了。

E. tā zài nǎr ne? nǐ kàn jiàn tā le ma?
他在哪儿呢？你看见他了吗？

F. lǎo shī, wǒ zhī dào, wǒ lái huí dá.
老师，我知道，我来回答。

例如： Tā hái zài jiào shì lǐ xué xí.
他还在教室里学习。　　　　　　　　E

51. wǒ zài shāng diàn mǎi shuǐ guǒ, děng yí xià jiù huí jiā.
我在商店买水果，等一下就回家。

52. nà lǐ yǒu hěn duō shū, nǐ qù kàn kan bié de shū ba.
那里有很多书，你去看看别的书吧。

53. nǐ bié shuì, nǐ shū hái méi kàn wán ne.
你别睡，你书还没看完呢。

54. zhè dào tí yǒu diǎn nán, shuí huì?
这道题有点难，谁会？

55. tiān hǎo xiàng yīn le.
天好像阴了。

第五部分

第 56-60 题

A. wǒ jué de jīn tiān de tiān qì bù hǎo, kě néng huì xià xuě.
我觉得今天的天气不好，可能会下雪。

B. méi guān xi, màn màn lái.
没关系，慢慢来。

C. zhè jiàn yī fu zěn me mài?
这件衣服怎么卖？

D. bú kè qi, huān yíng nǐ men xià cì zài lái.
不客气，欢迎你们下次再来。

E. duì bu qǐ, wǒ bú huì.
对不起，我不会。

56. xiè xie nǐ, jīn tiān wǒ men wán de hěn kāi xīn.
谢谢你，今天我们玩得很开心。 □

57. zhè jiàn yī fu jīn tiān dǎ zhé, hěn pián yi.
这件衣服今天打折，很便宜。 □

58. yǐ jīng yí gè xīng qī le, wǒ hái méi xué huì qí zì xíng chē.
已经一个星期了，我还没学会骑自行车。 □

59. nǐ hǎo, qǐng wèn nǐ huì shuō hàn yǔ ma?
你好，请问你会说汉语吗？ □

60. nà nǐ dǎ diàn huà gào sù tā, ràng tā jīn tiān bié qù le, míng tiān zài qù.
那你打电话告诉他，让他今天别去了，明天再去。 □

新汉语水平考试

HSK （二级）8

注　　意

一、HSK（二级）分两部分：

1. 听力（35 题，约 25 分钟）

2. 阅读（25 题，22 分钟）

二、听力结束后，有 3 分钟填写答题卡。

三、全部考试约 55 分钟（含考生填写个人信息时间 5 分钟）。

梦想中国语 模拟考试

一、听力

第一部分

第 1-10 题

例如：	![三人合影]	√
	![自行车]	×
1.	![打篮球]	
2.	![20元人民币]	
3.	![门前合影]	
4.	![咖啡]	

5.		
6.		
7.		
8.		
9.		
10.		

第二部分

第 11-15 题

A

B

C

D

E

F

例如：　男：你喜欢什么运动？Nǐ xǐ huān shén me yùn dòng?
　　　　女：我最喜欢踢足球。Wǒ zuì xǐ huān tī zú qiú.　　　D

11.

12.

13.

14.

15.

第 16-20 题

 A

 B

 C

 D

 E

16. ☐

17. ☐

18. ☐

19. ☐

20. ☐

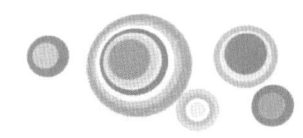

第三部分

第 21-30 题

例如：男：小王，这里有几个杯子，哪个是你的？

Xiǎo wáng, zhè lǐ yǒu jǐ gè bēi zi, nǎ ge shì nǐ de?

女：左边那个红色的是我的。Zuǒ biān nà ge hóng sè de shì wǒ de.

问：小王的杯子是什么颜色的？Xiǎo wáng de bēi zi shì shén me yán sè de?

  A 红色 hóng sè ✓   B 黑色 hēi sè   C 白色 bái sè

21. A 我 wǒ   B 妈妈 mā ma   C 爸爸 bà ba

22. A 2点 diǎn   B 4点 diǎn   C 6点 diǎn

23. A 旅游 lǚ yóu   B 跑步 pǎo bù   C 游泳 yóu yǒng

24. A 手机 shǒu jī   B 手表 shǒu biǎo   C 衣服 yī fu

25. A 星期四 xīng qī sì   B 星期五 xīng qī wǔ   C 星期六 xīng qī liù

26. A 不认识 bú rèn shi   B 认识 rèn shi   C 不知道 bù zhī dào

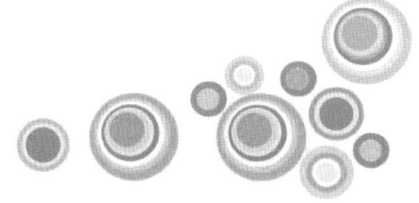

27. A 吃多了 chī duō le   B 不想吃 bù xiǎng chī   C 想喝茶 xiǎng hē chá

28. A 左边 zuǒ biān   B 右边 yòu biān   C 前面 qián mian

29. A 学校 xué xiào   B 商店 shāng diàn   C 医院 yī yuàn

30. A 今天中午 jīn tiān zhōng wǔ   B 今天晚上 jīn tiān wǎn shàng   C 明天晚上 míng tiān wǎn shàng

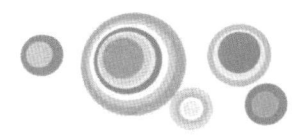

第四部分

第 31-35 题

例如：下午我去商店，我想买一些水果。

Xià wǔ wǒ qù shāng diàn, wǒ xiǎng mǎi yì xiē shuǐ guǒ.

问：她下午去哪里？Tā xià wǔ qù nǎ lǐ?

   A 商店 shāng diàn √   B 医院 yī yuàn   C 学校 xué xiào

31. A 手机 shǒu jī   B 手表 shǒu biǎo   C 电脑 diàn nǎo

32. A 学校旁边 xué xiào páng biān   B 医院旁边 yī yuàn páng biān   C 商店旁边 shāng diàn páng biān

33. A 坐飞机 zuò fēi jī   B 坐火车 zuò huǒ chē   C 坐汽车 zuò qì chē

34. A 饭店 fàn diàn   B 奶奶家 nǎi nai jiā   C 家 jiā

35. A 中国菜 zhōng guó cài   B 韩国菜 hán guó cài   C 英国菜 yīng guó cài

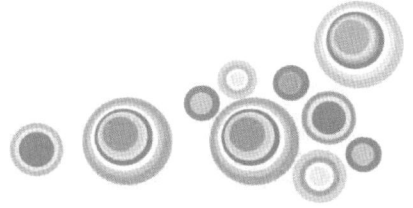

二、阅读

第一部分

第 36-40 题

A  B

C  D

E  F

例如： Měi gè xīng qī liù, wǒ dōu qù dǎ lán qiú.
每个星期六，我都去打篮球。　　E

36. jīn tiān shì tā de shēng rì, tā shōu dào le hěn duō lǐ wù.
今天是她的生日，她收到了很多礼物。

37. mā ma, nǐ bǎ nà xiē yī fu dōu xǐ wán le?
妈妈，你把那些衣服都洗完了？

38. nǎi nai, nà lǐ de cài hěn hǎo, wǒ men qù nà lǐ mǎi ba.
奶奶，那里的菜很好，我们去那里买吧。

39. zhè shì wǒ de xué shēng, tā hěn xǐ huān tiào wǔ.
这是我的学生，她很喜欢跳舞。

40. jīn tiān xià yǔ, wǒ zuò gōng gòng qì chē qù xué xiào.
今天下雨，我坐公共汽车去学校。

第二部分

第 41-45 题

	xué xí		hē		bái sè		chuān		guì		cháng
A	学习	B	喝	C	白色	D	穿	E	贵	F	长

例如：Zhèr de yáng ròu hěn hǎo chī, dàn shì yě hěn ____.

这儿的 羊肉 很 好吃，但是也很（ E ）。

41. mā ma měi tiān zǎo shàng dōu huì ____ yì bēi kā fēi.

妈妈 每天 早上 都 会（　　）一杯咖啡。

42. wǒ ____ hàn yǔ yǐ jīng 4 nián le.

我（　　）汉语已经 4 年了。

43. děng yí xià, mèi mei hái zài ____ yī fu

等一下，妹妹还在（　　）衣服。

44. zhè liǎng jiàn yī fu, xǐ huān nǎ ge?

男：这 两 件衣服，喜欢哪个？

wǒ gèng xǐ huān ____ de nà jiàn.

女：我 更 喜欢（　　）的那件。

45. wǒ men liǎng gè shuí de tóu fa gèng ____?

女：我们 两个 谁的头发 更（　　）？

tā de hǎo xiàng gèng cháng yì diǎn.

男：她的好像 更 长一点。

第三部分

第 46-50 题

例如：Xiàn zài shì 11 diǎn 30 fēn, tā men yǐ jīng yóu le 20 fēn zhōng le.
现在是11点30分，他们已经游了20分钟了。

Tā men 11 diǎn 10 fēn kāi shǐ yóu yǒng.

★ 他们11点10分开始游泳。　　　　　　　　　　　　　（ √ ）

Wǒ huì tiào wǔ, dàn tiào de bú tài hǎo.

我会跳舞，但跳得不太好。

Wǒ tiào de fēi cháng hǎo.

★ 我跳得非常好。　　　　　　　　　　　　　　　　（ x ）

46. jiě jie tā men xué xiào hěn dà, yǒu 200 duō gè lǎo shī hé 3000 duō míng xué shēng.

姐姐她们学校很大，有200多个老师和3000多名学生。

jiě jie tā men xué xiào yǒu 3000 duō míng lǎo shī.

★ 姐姐她们学校有3000多名老师。　　　　　　　　（　　）

47. wéi, duì bu qǐ, wǒ gāng gāng tài máng le, suǒ yǐ méi yǒu jiē nǐ de diàn huà, nǐ yǒu shén me shì ma?

喂，对不起，我刚刚太忙了，所以没有接你的电话，你有什么事吗？

wǒ gāng gāng hěn máng.

★ 我刚刚很忙。　　　　　　　　　　　　　　　　（　　）

48. wǒ mèi mei fēi cháng xǐ huān hēi sè, tā suǒ yǒu de dōng xi dōu shì hēi sè de.

我妹妹非常喜欢黑色,她所有的东西都是黑色的。

   mèi mei de shǒu jī shì hēi sè de.

   ★ 妹妹的手机是黑色的。   (   )

49. jiā lǐ zhè biān zhèng zài xià xuě, běi jīng nà biān yě zài xià xuě ma.

家里这边正在下雪,北京那边也在下雪吗?

   běi jīng zhèng zài xià xuě.

   ★ 北京正在下雪。   (   )

50. wǒ mǎi le liǎng zhāng jīn tiān xià wǔ 6 diǎn de diàn yǐng piào, nǐ yào hé wǒ yì qǐ ma?

我买了两张今天下午6点的电影票,你要和我一起吗?

   diàn yǐng shì 6 diǎn kāi shǐ.

   ★ 电影是6点开始。   (   )

第四部分

第 51-55 题

A. nǐ chuān zhè me duō yī fu, bú rè ma?
你穿这么多衣服，不热吗？

B. wǒ jīn tiān zhōng wǔ chī de tài duō le, bù xiǎng dòng le.
我今天中午吃得太多了，不想动了。

C. wǒ kàn jiàn nǐ le, wǒ xiàn zài jiù jìn qù.
我看见你了，我现在就进去。

D. wǒ xiǎng chī píng guǒ le.
我想吃苹果了。

E. tā zài nǎr ne? nǐ kàn jiàn tā le ma?
他在哪儿呢？你看见他了吗？

F. hǎo, nà wǒ men míng tiān zài jiàn ba.
好，那我们明天再见吧。

例如： Tā hái zài jiào shì lǐ xué xí.
他还在教室里学习。 **E**

51. nǐ chī zhè me duō, dù zi bù nán shòu ma?
你吃这么多，肚子不难受吗？

52. hǎo, nǐ kuài diǎn, dà jiā dōu zài děng nǐ.
好，你快点，大家都在等你。

53. wǒ bú shì hěn rè, hái yǒu diǎn lěng.
我不是很热，还有点冷。

54. zhè me wǎn le, nǐ hái shì xiān huí jiā ba.
这么晚了，你还是先回家吧。

55. nǐ yǒu méi yǒu shén me xiǎng chī de dōng xi? wǒ mǎi gěi nǐ.
你有没有什么想吃的东西？我买给你。

 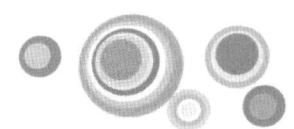

第五部分

第 56-60 题

A. nǐ kuài qǐ chuáng, wǒ men qù pǎo bù.
   你快起床，我们去跑步。

B. nà lǐ yǒu 2 gè rén, tā men shì zài děng nǐ ma?
   那里有2个人，他们是在等你吗？

C. zhè shì wǒ dì èr cì qù běi jīng le.
   这是我第二次去北京了。

D. tiān qì tài rè le, wǒ men hái shì chī diǎn xī guā ba.
   天气太热了，我们还是吃点西瓜吧。

E. tīng shuō shì 7 yuè 3 rì.
   听说是7月3日。

56. wǒ tài lèi le, míng tiān zài shuō ba.
    我太累了，明天再说吧。 ☐

57. nǐ zhī dào wǒ men nǎ tiān kāi shǐ kǎo shì ma?
    你知道我们哪天开始考试吗？ ☐

58. nà shì wǒ ér zi hé nǚ ér, wǒ men děng yí xià yào qù mǎi yī fu.
    那是我儿子和女儿，我们等一下要去买衣服。 ☐

59. xī wàng néng zài nà lǐ duō wán jǐ tiān.
    希望能在那里多玩几天。 ☐

60. nǐ men yào hē diǎn chá ma?
    你们要喝点茶吗？ ☐

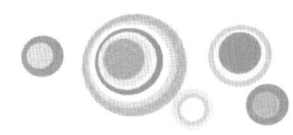

新汉语水平考试

HSK（二级）9

注　意

一、HSK（二级）分两部分：

1. 听力（35 题，约 25 分钟）

2. 阅读（25 题，22 分钟）

二、听力结束后，有 3 分钟填写答题卡。

三、全部考试约 55 分钟（含考生填写个人信息时间 5 分钟）。

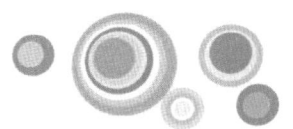

梦想中国语 模拟考试

一、听力

第一部分

第 1-10 题

例如:		√
		×
1.		
2.		
3.		
4.		

梦想中国语 模拟考试

5.		
6.		
7.		
8.		
9.		
10.		

 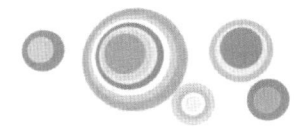

第二部分

第 11-15 题

A 　　B

C 　　D

E 　　F

例如：　男：你喜欢什么运动？Nǐ xǐ huān shén me yùn dòng?
　　　　女：我最喜欢踢足球。Wǒ zuì xǐ huān tī zú qiú.　　D

11.

12.

13.

14.

15.

第 16-20 题

A
B

C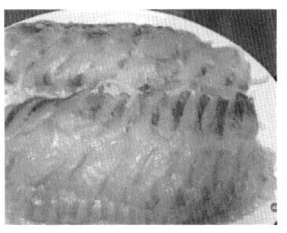
D

E

16. ☐

17. ☐

18. ☐

19. ☐

20. ☐

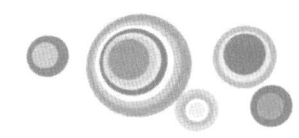

第三部分

第 21-30 题

例如：男：小王，这里有几个杯子，哪个是你的？

Xiǎo wáng, zhè lǐ yǒu jǐ gè bēi zi, nǎ ge shì nǐ de?

女：左边那个红色的是我的。Zuǒ biān nà ge hóng sè de shì wǒ de.

问：小王的杯子是什么颜色的？Xiǎo wáng de bēi zi shì shén me yán sè de?

    A 红色 hóng sè √   B 黑色 hēi sè   C 白色 bái sè

1. A 小明的旁边 xiǎo míng de páng biān   B 小红的旁边 xiǎo hóng de páng biān   C 我的旁边 wǒ de páng biān

2. A 西瓜 xī guā   B 苹果 píng guǒ   C 菜 cài

3. A 家 jiā   B 路上 lù shang   C 公司 gōng sī

4. A 上课 shàng kè   B 运动 yùn dòng   C 吃饭 chī fàn

5. A 睡前一小时 shuì qián yì xiǎo shí   B 饭后一小时 fàn hòu yì xiǎo shí   C 饭前一小时 fàn qián yì xiǎo shí

6. A 我自己 wǒ zì jǐ   B 妹妹 mèi mei   C 弟弟 dì di

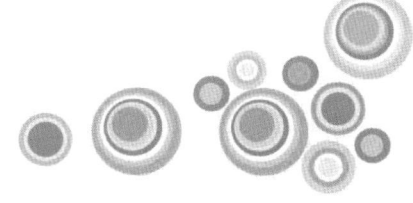

27. A 今天下午 jīn tiān xià wǔ   B 明天上午 míng tiān shàng wǔ   C 明天下午 míng tiān xià wǔ

28. A 工作 gōng zuò   B 旅游 lǚ yóu   C 学习 xué xí

29. A 生病了 shēng bìng le   B 认错人了 rèn cuò rén le   C 听不懂 tīng bù dǒng

30. A 406   B 604   C 606

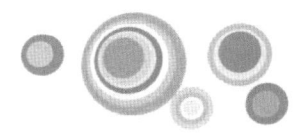

第四部分

第 31-35 题

例如：下午我去商店，我想买一些水果。

　　Xià wǔ wǒ qù shāng diàn, wǒ xiǎng mǎi yì xiē shuǐ guǒ.

问：她下午去哪里？Tā xià wǔ qù nǎ lǐ?

　　　　A　商店 shāng diàn √　　　　B　医院 yī yuàn　　　　C　学校 xué xiào

31.　A　洗手 xǐ shǒu　　　　B　问候 wèn hòu　　　　C　洗菜 xǐ cài

32.　A　下雪 xià xuě　　　　B　晴天 qíng tiān　　　　C　下雨 xià yǔ

33.　A　2点 diǎn　　　　B　4点 diǎn　　　　C　12点 diǎn

34.　A　2007年 nián　　　　B　2019年 nián　　　　C　12年 nián

35.　A　不想看 bù xiǎng kàn　　　　B　太忙了 tài máng le　　　　C　看完了 kàn wán le

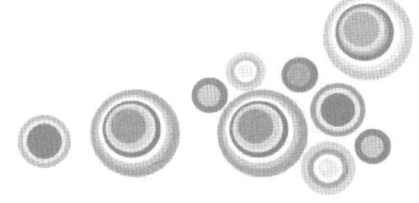

二、阅读

第一部分

第 36-40 题

A		B	
C		D	
E		F	

例如：Měi gè xīng qī liù, wǒ dōu qù dǎ lán qiú.
每个星期六，我都去打篮球。　　　　　　E

36. wǒ zǎo shàng chī le hěn duō miàn bāo, bù xiǎng hē niú nǎi le.
我早上吃了很多面包，不想喝牛奶了。

37. zhè jiàn yī fu wǒ hěn xǐ huān, dàn shì yǒu diǎn dà.
这件衣服我很喜欢，但是有点大。

38. wǒ gōng zuò tài máng le, dōu méi yǒu shí jiān chī fàn.
我工作太忙了，都没有时间吃饭。

39. jiā lǐ méi yǒu jī dàn le, míng tiān zǎo shàng chī shén me ne?
家里没有鸡蛋了，明天早上吃什么呢？

40. zhè wèi shì wǒ de qī zǐ, hěn piào liang ba.
这位是我的妻子，很漂亮吧。

第二部分

第 41-45 题

A 到　　B 第一　　C 唱歌　　D 懂　　E 贵　　F 认识

例如：这儿的 羊肉 很 好吃，但是也很（ E ）。

41. 我的那个 朋 友 从 小 就喜欢（　　）。

42. 这个题，我不（　　），你能 教 我 一下吗？

43. 弟弟在考试 中 得了（　　）名。

44. 男：你（　　）小 刘 旁边 的那个 男 生吗？
　　女：是她的男 朋 友。

45. 女：今天 就（　　）这儿吧，我们 明 天 见。
　　男：好，再见。

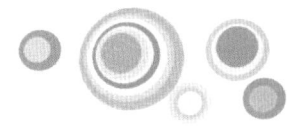

第三部分

第 46-50 题

例如：Xiàn zài shì 11 diǎn 30 fēn, tā men yǐ jīng yóu le 20 fēn zhōng le.

现在是11点30分，他们已经游了20分钟了。

Tā men 11 diǎn 10 fēn kāi shǐ yóu yǒng.

★ 他们11点10分开始游泳。　　　　　　　　　　　　（ √ ）

Wǒ huì tiào wǔ, dàn tiào de bú tài hǎo.

我会跳舞，但跳得不太好。

Wǒ tiào de fēi cháng hǎo.

★ 我跳得非常好。　　　　　　　　　　　　　　　　（ x ）

46. míng tiān shì wǒ zhàng fu de shēng rì, wǒ zhǔn bèi sòng tā yí gè shǒu biǎo, wǒ men xià wǔ qù shāng diàn kàn kan ba.

明天是我丈夫的生日，我准备送他一个手表，我们下午去商店看看吧。

tā men wǎn shàng yào qù shāng diàn.

★ 他们晚上要去商店。　　　　　　　　　　　　　　（　　）

47. wǒ méi yǒu chī guò niú ròu, hěn xiǎng zhī dào niú ròu shì shén me yàng de, suǒ yǐ wǒ xiǎng qù chī yí cì.

我没有吃过牛肉，很想知道牛肉是什么样的，所以我想去吃一次。

wǒ bù xǐ huān chī niú ròu.

★ 我不喜欢吃牛肉。　　　　　　　　　　　　　　　（　　）

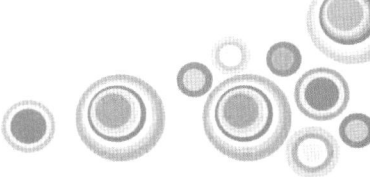

48. zuó tiān shì wǒ de shēng rì, guò le shēng rì zhī hòu, wǒ jiù 18 suì le, wǒ jiù shì dà rén le.

   昨天是我的生日，过了生日之后，我就18岁了，我就是大人了。

   wǒ jīn tiān 18 suì.

   ★ 我今天18岁。   （   ）

49. zhè jiàn yī fu tài dà le, wǒ chuān bù qǐ lái, wǒ hái shì bù mǎi le.

   这件衣服太大了，我穿不起来，我还是不买了。

   wǒ méi yǒu mǎi zhè jiàn yī fu.

   ★ 我没有买这件衣服。   （   ）

50. zuó tiān wǒ kàn jiàn lǐ yī shēng le, tā hé tā de hái zi zài fàn diàn lǐ mian chī fàn.

   昨天我看见李医生了，他和他的孩子在饭店里面吃饭。

   jīn tiān wǒ kàn jiàn lǐ yī shēng le.

   ★ 今天我看见李医生了。   （   ）

第四部分

第 51-55 题

A. nǐ men zhè lǐ hái xū yào fú wù yuán ma?
你们这里还需要服务员吗？

B. nǐ kàn jiàn le wǒ de chuán piào ma?
你看见了我的船票吗？

C. lǐ lǎo shī zhè jǐ tiān dōu bú zài xué xiào.
李老师这几天都不在学校。

D. hái méi yǒu, wǒ xiàn zài hái méi yǒu xià kè.
还没有，我现在还没有下课。

E. tā zài nǎr ne? nǐ kàn jiàn tā le ma?
他在哪儿呢？你看见他了吗？

F. nǐ kàn, nà xiē xiǎo gǒu hǎo kāi xīn a!
你看，那些小狗好开心啊！

例如：Tā hái zài jiào shì lǐ xué xí.
他还在教室里学习。 **E**

51. wǒ yǒu yí gè tóng xué zhèng zài zhǎo gōng zuò.
我有一个同学正在找工作。 ☐

52. qǐng wèn lǐ lǎo shī zài ma?
请问李老师在吗？ ☐

53. wǒ de chuán piào bú jiàn le.
我的船票不见了。 ☐

54. nǐ dǎ diàn huà gěi nǐ mā ma le ma?
你打电话给你妈妈了吗？ ☐

55. wài mian xià xuě le.
外面下雪了。 ☐

第五部分

第 56-60 题

A. wài mian hěn lěng, nǐ duō chuān diǎn yī fu zài chū qù.
外面很冷，你多穿点衣服再出去。

B. zhè jiàn yī fu tài dà le, wǒ chuān bù qǐ lái.
这件衣服太大了，我穿不起来。

C. shì a, zhēn de hǎo dà hǎo piào liang a!
是啊，真的好大好漂亮啊！

D. nǐ shén me shí hòu kāi shǐ xué de tiào wǔ?
你什么时候开始学的跳舞？

E. méi yǒu, nǐ chàng de hěn hǎo tīng.
没有，你唱得很好听。

56. wǒ qù wèn yí xià, yǒu méi yǒu xiǎo yì diǎn de.
我去问一下，有没有小一点的。　□

57. méi shì, wǒ bú pà lěng.
没事，我不怕冷。　□

58. tā hái zi de yǎn jīng hǎo dà a!
他孩子的眼睛好大啊！　□

59. wǒ hěn xǐ huān chàng gē, dàn shì chàng de bù hǎo tīng.
我很喜欢唱歌，但是唱得不好听。　□

60. wǒ wǔ suì de shí hòu jiù kāi shǐ xué le.
我五岁的时候就开始学了。　□

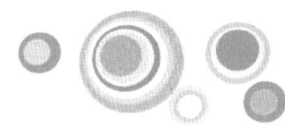

新汉语水平考试

HSK （二级）10

注　意

一、HSK （二级）分两部分：

　　1. 听力（35 题，约 25 分钟）

　　2. 阅读（25 题，22 分钟）

二、听力结束后，有 3 分钟填写答题卡。

三、全部考试约 55 分钟（含考生填写个人信息时间 5 分钟）。

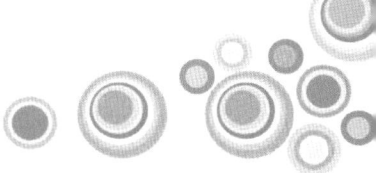

一、听力

第一部分

第 1-10 题

例如：		√
		×
1.		
2.		
3.		
4.		

5.		
6.		
7.		
8.		
9.		
10.		

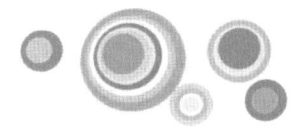

第二部分

第 11-15 题

A

B

C

D

E

F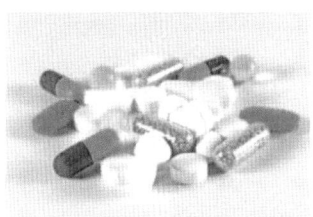

例如：男：你喜欢什么运动？Nǐ xǐ huān shén me yùn dòng?

女：我最喜欢踢足球。Wǒ zuì xǐ huān tī zú qiú.

D

11. ☐

12. ☐

13. ☐

14. ☐

15. ☐

第 16-20 题

A

B

C

D

E

16. ☐

17. ☐

18. ☐

19. ☐

20. ☐

第三部分

第 21-30 题

例如：男：小王，这里有几个杯子，哪个是你的？

Xiǎo wáng, zhè li yǒu jǐ gè bēi zi, nǎ ge shì nǐ de?

女：左边那个红色的是我的。Zuǒ biān nà gè hóng sè de shì wǒ de.

问：小王的杯子是什么颜色的？Xiǎo wáng de bēi zi shì shén me yán sè de?

  A 红色 hóng sè √   B 黑色 hēi sè   C 白色 bái sè

21. A 小猫 xiǎo māo   B 小狗 xiǎo gǒu   C 都不喜欢 dōu bù xǐ huān

22. A 冬天 dōng tiān   B 秋天 qiū tiān   C 夏天 xià tiān

23. A 晴天 qíng tiān   B 阴天 yīn tiān   C 下雨 xià yǔ

24. A 红色 hóng sè   B 白色 bái sè   C 黑色 hēi sè

25. A 火车上 huǒ chē shàng   B 飞机上 fēi jī shàng   C 船上 chuán shàng

26. A 第一次 dì yī cì   B 第二次 dì èr cì   C 第三次 dì sān cì

27. A 吃过了 chī guò le   B 还想吃 hái xiǎng chī   C 他饿了 tā è le

28. A 朋友 péng you   B 妹妹 mèi mei   C 妈妈 mā ma

29. A 不难 bù nán   B 很好学 hěn hǎo xué   C 太难了 tài nán le

30. A 商店 shāng diàn   B 机场 jī chǎng   C 家 jiā

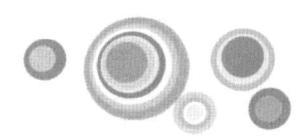

第四部分

第 31-35 题

例如：下午我去商店，我想买一些水果。

　　Xià wǔ wǒ qù shāng diàn, wǒ xiǎng mǎi yì xiē shuǐ guǒ.

问：她下午去哪里？Tā xià wǔ qù nǎ lǐ?

　　　A　商店 shāng diàn ✓　　　B　医院 yī yuàn　　　C　学校 xué xiào

31.　A　太大了 tài dà le　　　B　太小了 tài xiǎo le　　　C　颜色不喜欢 yán sè bù xǐ huān

32.　A　水果 shuǐ guǒ　　　B　菜 cài　　　C　牛奶 niú nǎi

33.　A　家 jiā　　　B　公司 gōng sī　　　C　饭店 fàn diàn

34.　A　星期三 xīng qī sān　　　B　星期四 xīng qī sì　　　C　星期五 xīng qī wǔ

35.　A　10点 diǎn　　　B　12点 diǎn　　　C　14点 diǎn

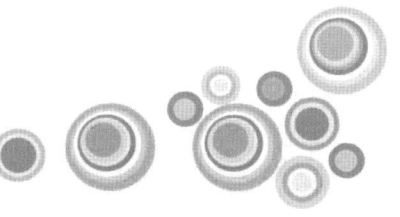

二、阅读

第一部分

第 36-40 题

A 　　　　B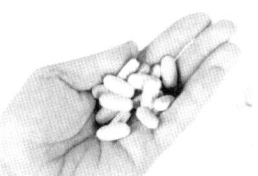

C 　　　　D

E 　　　　F

例如：Měi gè xīng qī liù, wǒ dōu qù dǎ lán qiú.
每个星期六，我都去打篮球。　　　E

36. fú wù yuán, wǒ xiǎng yào yì bēi chá.
服务员，我想要一杯茶。

37. wǒ zuò huǒ chē 30 fēn zhōng jiù dào jiā le.
我坐火车30分钟就到家了。

38. mèi mei shēng bìng le, měi tiān chī fàn zhī qián dōu yào chī yào.
妹妹生病了，每天吃饭之前都要吃药。

39. lǎo shī, zhè ge tí hǎo nán ya, wǒ bú huì xiě.
老师，这个题好难呀，我不会写。

40. jīn nián 9 yuè, wǒ yào qù zhōng guó lǚ yóu.
今年9月，我要去中国旅游。

 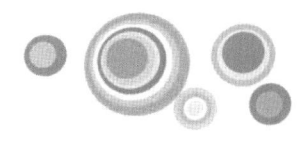

第二部分

第 41-45 题

	kuài lè	niú ròu	shǒu biǎo	kuài	guì	dàn shì
	A 快乐	B 牛肉	C 手表	D 快	E 贵	F 但是

例如：Zhèr de yáng ròu hěn hǎo chī, dàn shì yě hěn ___.
这儿的 羊肉 很 好吃，但是也很（ E ）。

41.
mā ma, nǐ shuō de tài ___ le, wǒ méi tīng dào.
妈妈，你 说 得太（ ）了，我没 听到。

42.
zhè jiàn yī fu yán sè hěn hǎo, ___ tài dà le.
这 件衣服颜色 很 好，（ ）太大了。

43.
wǒ jué de dú shū shì yí jiàn hěn ___ de shì qing.
我觉得 读书是一件很（ ）的事情。

44.
wǒ men yào qù chī ___ ma?
男：我们 要 去吃（ ）吗？

wǒ xiǎng chī, dàn shì tài yuǎn le.
女：我 想 吃，但是 太 远了。

45.
nǐ shēng rì kuài dào le, xiǎng yào shén me lǐ wù?
女：你 生日 快 到了，想 要 什么 礼物？

wǒ xiǎng yào yí gè ___.
男：我 想要 一个（ ）。

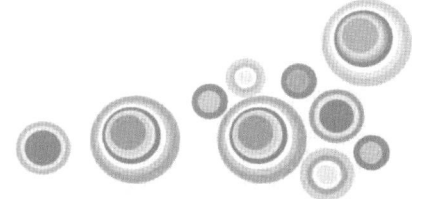

第三部分

第 46-50 题

例如：Xiàn zài shì 11 diǎn 30 fēn, tā men yǐ jīng yóu le 20 fēn zhōng le.
现在是11点30分，他们已经游了20分钟了。

Tā men 11 diǎn 10 fēn kāi shǐ yóu yǒng.
★ 他们11点10分开始游泳。 (√)

Wǒ huì tiào wǔ, dàn tiào de bú tài hǎo.
我会跳舞，但跳得不太好。

Wǒ tiào de fēi cháng hǎo.
★ 我跳得非常好。 (x)

46. tiān yīn le, wǒ men kuài huí jiā ba, yào bù děng yí xià jiù xià yǔ le.
天阴了，我们快回家吧，要不等一下就下雨了。

děng yí xià kě néng huì xià yǔ.
★ 等一下可能会下雨。 (   )

47. mā ma zuò de fàn tài hǎo chī le, wǒ hái xiǎng zài chī.
妈妈做的饭太好吃了，我还想再吃。

wǒ tài è le, hái xiǎng zài chī.
★ 我太饿了，还想再吃。 (   )

48. wǒ zhè cì zhù de lǚ guǎn lí jī chǎng hěn jìn, ér qiě hěn pián yi, wǒ jué de hěn hǎo.

我这次住的旅馆离机场很近，而且很便宜，我觉得很好。

lǚ guǎn lí jī chǎng hěn jìn.

★ 旅馆离机场很近。 （　　）

49. wǒ měi tiān zǎo shàng qǐ lái dì yī jiàn shì jiù shì hē shuǐ, yīn wèi zǎo shàng hē shuǐ duì rén de shēn tǐ hěn hǎo.

我每天早上起来第一件事就是喝水，因为早上喝水对人的身体很好。

zǎo shàng hē shuǐ duì rén de shēn tǐ bù hǎo.

★ 早上喝水对人的身体不好。 （　　）

50. wǒ men mǎi huǒ chē piào de shí hòu, mǎi xué shēng piào, xué shēng piào huì pián yi yì diǎn.

我们买火车票的时候，买学生票，学生票会便宜一点。

xué shēng piào pián yi.

★ 学生票便宜。 （　　）

第四部分

第 51-55 题

A. nǐ de diàn nǎo zài nǎ lǐ, wǒ kě yǐ yòng yí xià ma?
你的电脑在哪里，我可以用一下吗？

B. shì ya, zhè lǐ kě yǐ zuò 100 duō gè rén.
是呀，这里可以坐100多个人。

C. wǒ bù xiǎng chī, wǒ yǐ jīng hǎo le.
我不想吃，我已经好了。

D. wài mian tài rè le, wǒ bù xiǎng qù.
外面太热了，我不想去。

E. tā zài nǎr ne? nǐ kàn jiàn tā le ma?
他在哪儿呢？你看见他了吗？

F. děng yí xià, wǒ qù chuān yí xià yī fu.
等一下，我去穿一下衣服。

例如： Tā hái zài jiào shì lǐ xué xí.
他还在教室里学习。 **E**

51. bú yào shuì jiào le, wǒ men qù dǎ qiú ba.
不要睡觉了，我们去打球吧。 ☐

52. nǐ qù ná ba, zài wǒ fáng jiān lǐ.
你去拿吧，在我房间里。 ☐

53. tiān qíng le, wǒ men chū qù zǒu zou ba.
天晴了，我们出去走走吧。 ☐

54. zhè ge jiào shì hǎo dà ya.
这个教室好大呀。 ☐

55. bēi zi lǐ mian yǒu shuǐ, nǐ bǎ yào chī le ba.
杯子里面有水，你把药吃了吧。 ☐

第五部分

第 56-60 题

A. zhè jiàn yī fu hěn piào liang, wǒ hěn xǐ huān.
这件衣服很漂亮，我很喜欢。

B. nǐ chī diǎn fàn ba, děng yí xià huì è de.
你吃点饭吧，等一下会饿的。

C. zhè lǐ de niú ròu hěn hǎo chī, nǐ duō chī diǎn.
这里的牛肉很好吃，你多吃点。

D. wǒ yǐ jīng gěi bà ba dǎ diàn huà le, dàn shì tā méi yǒu jiē.
我已经给爸爸打电话了，但是他没有接。

E. bú rèn shi, zhè shì hàn zì ma?
不认识，这是汉字吗？

56. duì bu qǐ, wǒ bù xǐ huān chī niú ròu.
对不起，我不喜欢吃牛肉。 □

57. dàn shì tài guì le, wǒ méi yǒu qián mǎi.
但是太贵了，我没有钱买。 □

58. wǒ dù zi bù shū fu, bù xiǎng chī.
我肚子不舒服，不想吃。 □

59. zhè ge zì, nǐ rèn shi ma?
这个字，你认识吗？ □

60. tā kě néng hái zài fēi jī shàng.
他可能还在飞机上。 □

<MP3 파일 & 시험 답안 무료 다운!>

이 책에 관련된 MP3 음성 파일과 모의 시험의 답안은 드림중국어 카페 (http://cafe.naver.com/dream2088)를 회원 가입한 후에 다운 받으실 수 있습니다.

MP3 파일 다운로드 주소: https://cafe.naver.com/dream2088/3820

시험 답안 다운로드 주소: https://cafe.naver.com/dream2088/3819

한국어 해석본 다운로드 주소: https://cafe.naver.com/dream2088/3819

드림중국어 1:1 화상 수업

드림중국어 원어민 수업 체험 예약 (30 분)

QR 코드를 스캔해서 중국어 수업을 체험 신청하세요.

(네이버 아이디로 돌이김)

ZOOM 1:1 수업, 휴대폰/태블릿/컴퓨터로 수업 가능